旅游高等职业院校精品课程系列教材

解说系统设计与应用

JIESHUO XITONG SHEJI YU YINGYONG

吴海燕　王秀娟　聂湘益 / 主　编
郭艳芳　李得发 / 副主编

中国旅游出版社

随着智慧旅游的快速发展，数字化转型逐渐成为旅游行业未来发展的趋势。为了适应智慧旅游、智慧景区对高等职业教育旅游人才的需求，尤其是对智慧景区开发与管理专业人才培养的具体要求，我们结合智慧景区开发与管理专业典型工作岗位、核心工作任务、主要工作职责和核心能力要求，与时俱进，编写了这本教材。

本教材分为三大模块，分别为理论篇、技能篇、案例篇。模块一对解说系统的内涵、类型、构成要素等进行分析，并对每一类解说系统展开介绍。模块二对解说系统的设计、应用、维护与管理进行分析，围绕解说系统的特点、设计的原则、设计的流程、维护与管理方法等进行重点介绍。模块三介绍典型景区的旅游解说系统，选取故宫博物院、重庆中国三峡博物馆、大足石刻、九寨沟分别进行阐述，以景区简介、景区解说系统的类型、景区解说系统的特点、景区典型的解说系统为主要内容进行阐述。

本教材主要特色体现在四个方面。

（1）体系完整。教材共分为三大模块，13个项目，主要包括解说系统概述、解说系统展示、解说系统设计、景区解说系统案例等内容。在内容的选取及编排上，注重将适度的理论知识和必要的技能训练相结合，突出职业能力的培养。

（2）图文并茂。为培养学生的区域空间概念和思维能力，教材中插入大量景区解说系统的图片，形象生动、通俗易懂。

（3）时代性强。教材参考了全国多个智慧景区解说系统的内容，将解说系统的最新资料信息呈现出来，对接当前智慧景区、智慧导览系统的需要。

（4）实用性强。教材的核心内容围绕解说系统的设计、应用、维护、管理等专业核心能力展开，以任务为依托，注重职业技能的训练。

为了便于学生学习，本教材设置有学习目标、知识准备、任务布置、任务分析等，训练学生运用所学专业知识解决具体问题的能力，提升学生的职业技能。

本教材由吴海燕、王秀娟、聂湘益担任主编，郭艳芳、李得发担任副主编。具体分工如下：吴海燕设计编写大纲及撰写项目三、项目四、项目五、项目六、项目七、项目八、项目九、项目十一、项目十二；王秀娟撰写项目一、项目二；聂湘益撰写项目十、项目十三；郭艳芳、李得发负责统稿，并为本书提供了丰富的素材和有益的建议。

教材参考和借鉴了许多专家、学者的相关著作和研究成果以及大量的优秀教材，在此表示感谢。所参考的资料及其编者已列于参考文献中。还有一些素材，因来自一些网站，由于搜集时间过久且内容庞杂，已难寻出处，在此对有关作者表示感谢！

由于时间仓促，加之编者水平有限，书中难免有疏漏、欠妥之处，恳请专家、读者批评指正。

编者

2024 年 10 月 18 日

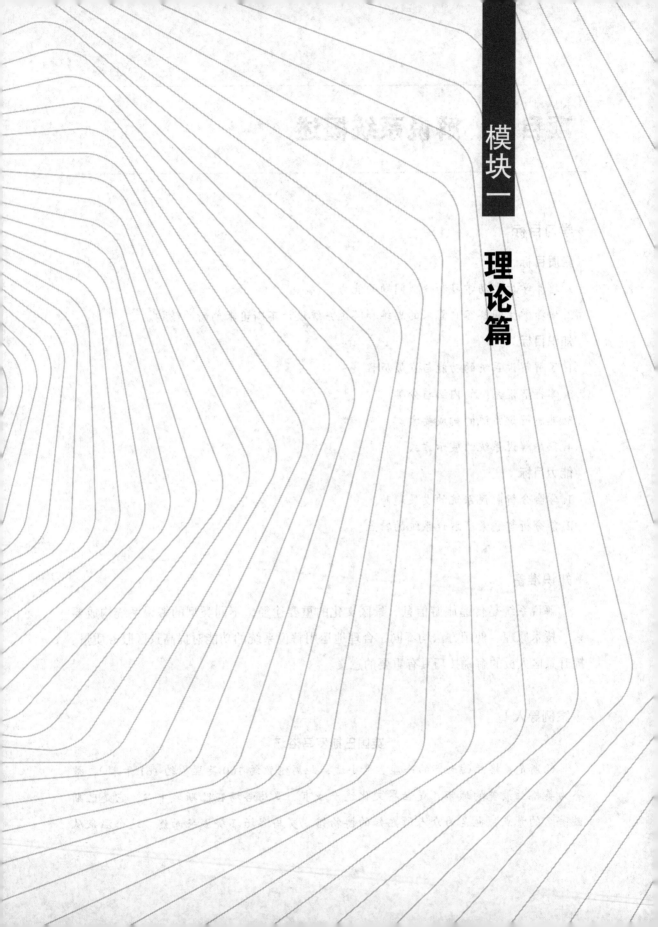

模块一

理论篇

项目一　解说系统概述

◆ **学习目标**

素质目标

1. 培养学生主动学习和分析问题的能力。

2. 培养学生洞察客户需求的思维和解说系统设计不断追求创新的精神。

知识目标

1. 了解解说系统的功能与发展历程。

2. 掌握解说系统的内涵与分类。

3. 熟悉解说系统的构成要素。

4. 熟悉解说系统的展示方式。

能力目标

1. 学会分析解说系统的发展趋势。

2. 能分析智慧景区解说系统的特点。

◆ **知识准备**

　　解说系统是传递旅游信息、景区文化的重要途径，不同类型的解说系统构成要素、技术原理、使用方法均不同，合理地运用解说系统的功能对提高景区服务质量、提升景区人员的解说技巧具有重要的意义。

| 案例导入 |

英国巴斯罗马浴场

　　巴斯是英格兰西南部的一座古老小城，距离伦敦约 100 英里（约 161 千米），被誉为英格兰最美的城市，是世界文化遗产城市。罗马浴场在巴斯城中心，它是巴斯最著名的景点，也是为众人所熟知的博物馆。罗马浴场环绕温泉而建。这个温泉从

3000 米深的地下每天喷出 127 万立方米泉水，水温常年保持在 46.5℃，既可饮用，又可治病。

18 世纪，人们偶然发现弥涅尔瓦女神的镀金头像，早已湮没不闻的古罗马浴场得以重新现身。经过两个多世纪的发掘，现存的罗马浴场设有好几个浴池，还有游泳池和暖气加温的房间。浴池周围布有雕塑、栏杆，浴池上方原来覆盖着巨大的弧形拱，现仅存一些柱子，但浴池周围还能找到拱的残片。

巴斯浴场解说系统的费用都已包含在普通入场门票中，包括语音解说系统、精美完善的解说标识系统与图册解说导览。最有特色的是它的语音解说系统，共有荷兰语、英语、法语、德语、意大利语、日语、汉语和西班牙语 8 种语言。此外，浴场还提供富有罗马特色录制有罗马故事的儿童语音导览设备。在儿童语音导览中，儿童可以认识比莱特（Belator）——一个讨厌清理锅炉的凯尔特男孩，还有阿普莉娅（Apulia）——一个来自意大利并能把女主人的头发编出漂亮发型的女奴；还能听算命先生从用于祭祀的动物身上读出他们的未来……无论游客来自何方，都能借助这些解说系统领略和理解这个世界文化遗产的深层魅力与文化意义。

——资料来源：陶伟，杜小芳，洪艳. 解说：一种重要的遗产保护策略 [J].

旅游学刊，2009，24（8）：47-52.

┃案例分析┃

1. 通过案例，谈一谈解说具有什么特征。

2. 谈一谈平时接触到的解说。

—————— 任务一　解说系统的内涵与特征 ——————

一、解说系统

解说，指的是对某种事物或现象进行解释和说明的工作。它的核心目的在于帮助人们更好地认识和理解周围的世界。在日常生活中，解说无处不在，无论是参观博物馆、阅读图书馆的资料、在政府机构办理事务，还是观看体育赛事和参加各种节庆活动，都离不开解说的支持。良好的解说不仅能够增进公众的理解，还能帮助政府和企业树立良好的形象，建立积极的公共关系，并提高工作效率。解说作为一种沟通方式，随着语言的产生而诞生，并伴随社会的发展不断演变，成为人与人之间交流的重要工具。

在中国古代，解说的形式早已存在，例如在传统的讲解、说书等文化活动中，解说者通过生动的语言和丰富的情感传递信息，增强听众的体验。进入工业时代后，随着休闲活动的普及和人们活动空间的拓宽，解说服务的重要性越发凸显。人们对文化、艺术、历史等方面的需求不断增加，使得解说在各个领域得到了前所未有的重视与推广。总之，解说作为一种重要的沟通方式，不仅促进了信息的传递，也丰富了人们的文化生活，提升了社会的整体理解力和凝聚力。

（一）解说的历史

解说的起源可以追溯到中国古代。中国人长期以来对自然界的影响力是非常深远的，Devoe（1946）曾描述过老子在公元前 600 年说过"道法自然"；Lin（1940）曾论述过中国人对解说的研究没有转变成实用性科学，而仅仅止于哲学。

人类已知的最早的解说是法国史前人类居住的洞穴中的一幅打猎的壁画。这幅画表现了史前人类对自然现象的思考和观察，如光、火、雨以及太阳、星星和月亮的运动等，从中也反映出他们希望和别人交流的愿望。从这些早期解说中可以看出，解说开始于环境解说。

在古希腊时期，向导（hippeis）的角色不仅限于指引道路，他们还负责讲述神话故事和历史事件，帮助游客理解当地文化。例如，雅典的向导可能会讲述帕特农神庙的雕塑背后的故事，这些雕塑与雅典娜女神的传说紧密相关（希罗多德，公元前 5 世纪）。古罗马时期，随着帝国的扩张，对解说的需求也随之增长。罗马导游会向游客介绍斗兽场的历史和建筑特点，以及角斗士比赛的规则和仪式，这些解说活动不仅为游客提供了娱乐，也强化了罗马帝国的文化影响力。

在中世纪，朝圣成为一种重要的宗教活动，朝圣者前往圣地如耶路撒冷、罗马和坎特伯雷等地。在这些旅程中，向导（palmer）的角色至关重要，他们不仅提供路线指引，还解释宗教场所的历史和宗教意义，如圣墓教堂的圣迹和传说。这些朝圣活动通常伴随着对宗教故事的解说，这些解说增强了信徒的信仰体验。

文艺复兴时期，随着对古典文化的重新评价，艺术和建筑解说变得尤为重要。例如，佛罗伦萨的向导会向游客介绍乌菲齐美术馆的画作，解释艺术家的技巧和作品的象征意义。这一时期的解说者往往是艺术家本人或与艺术家关系密切的人，他们能够提供深入的艺术见解。

19 世纪，随着工业革命和中产阶级的崛起，旅游成为一种流行的休闲活动。Thomas Cook 组织的团体旅游包括了详细的解说服务，使游客能够更好地理解他们所访问的地方的历史和文化。例如，Cook 的旅游团在访问埃及时，会有专业的解说员介绍金字塔和法老的陵墓。

国家公园的建立，如美国的黄石国家公园和约塞米蒂国家公园，带来了对自然和环境解说的需求。解说员不仅向游客介绍地质特征和野生动植物，还强调了保护自然的重要性。该时期把解说者称为"演讲者（lecturers）"，他们大部分是来自大学的科学家。1872 年，美国第一个国家公园黄石国家公园落成，其解说服务的发展标志着自然解说专业化的开始。

20 世纪初，随着博物馆和国家公园的增多，解说工作开始变得更加专业化。1920 年，米尔斯（Mills）在他的著作《一个自然导游的探险》中首次运用解说（interpret）一词描述了他在螺髻山中的导游讲解工作，这也是第一个用"解说"来描述自然导游（nature guiding）活动的人。20 世纪 20 年代后半期，美国印第安纳州立公园开始雇用自然导游（nature guides）；在接下来的 10 年中，他们把自然导游称为自然主义者（naturalist），致使解说员和自然主义者成为同义词。到了 20 世纪 30 年代晚期，随着自然主义者和历史学家一起参与到国家公园的服务工作中，解说内容拓展到历史与文化领域，自然导游这个提法逐渐被解说所代替。1957 年被誉为"解说之父"的费门·提尔顿（Freeman Tilden）的著作《解说我们的遗产》出版，丰富了解说在历史、艺术、心理以及自然等各方面的内涵，标志着早期所有解说者在解说职业生涯中迎来了现代的第一个里程碑。1961 年成立的解说自然主义者协会与西部解说员协会使解说得到了专业认可。美国国家公园管理局（NPS）开始培训解说员，使他们能够提供准确和有教育意义的解说。

20世纪60年代至90年代，解说研究和实践得到了显著发展。例如，环境解说理论开始关注解说如何影响游客的行为和态度，以及如何通过解说促进环境保护。这一时期的研究强调了解说在环境保护和游客教育中的重要作用。

现代技术的应用，如多媒体和互联网，为解说提供了新的可能性。例如，许多博物馆和历史遗址现在提供虚拟导览，使游客能够在家中通过电脑或手机体验解说。这种技术的应用使得解说更具互动性和可访问。

全球化带来了对跨文化交流和多元文化解说的需求。解说者需要适应不同文化背景的观众，提供多语言解说和文化敏感的内容。例如，许多国际旅游目的地现在提供汉语、阿拉伯语等多语言解说服务。这种趋势反映了全球化背景下对文化多样性的重视。

技术的进步，如增强现实（AR）和虚拟现实（VR），为解说者提供了新的平台。例如，一些博物馆和历史遗址现在提供AR导览，使游客能够通过手机或平板电脑看到历史场景的重现。这种技术的应用使得解说更加生动。

面对环境变化和社会需求的不断演变，解说领域面临着新的挑战和机遇。解说者需要不断适应和创新，以满足这些需求。例如，解说者可能会开发新的解说策略来应对气候变化的影响，或者利用社交媒体来吸引年轻观众。

解说的历史发展是一个不断适应和创新的过程。从古代的向导到现代的专业解说者，解说者的角色和方法随着社会的需求和技术的发展而演变。解说在教育、旅游和文化传承中发挥着至关重要的作用，它不仅传递信息，还促进了公众的参与和理解。随着技术的不断进步和社会需求的变化，解说领域将继续发展和演变，解说者需要不断适应新的挑战，以保持其在现代社会中的相关性和有效性。

（二）解说系统的内涵

1. 解说

古今中外对于解说有多种定义，相关学者分别从不同角度揭示、阐释了解说的特点，如国际上一些组织关于解说的定义（表1-1）。

具有里程碑意义的解说定义是被称为"解说之父"的费门·提尔顿提出的，他认为"解说并非简单的信息传递，而是一项通过原真事物、亲身体验以及展示媒体来揭

表1-1 一些组织关于解说的定义

组织名称	解说的定义
美国博物馆协会	解说是一种有计划的努力，以使游客对历史事件、人物、史迹等的重要性产生了解
美国国家休闲与公园协会	帮助游客感受到解说员所感受到的事物；察觉环境的美、复杂、多变及相互关系的敏感度、惊奇的感受、求知的渴望。它应帮助游客获得家一样的感受，并将帮助游客发展感知能力
英国乡村休闲研究顾问团	通过描述及解释特征与相互关系，帮助游客认识乡村地区，欣赏乡村景观和文化
澳大利亚解说协会	解说是一种传播过程，帮助人们了解与欣赏他们认知的世界
西班牙遗产解说协会	解说是一种艺术，启发一般社会大众在休闲时间游览一些地方时，能在现场获得自然、文化或历史遗产的深层含义
加拿大解说协会	解说是专为群众（主要）设计的传达过程，通过对物体、工艺品、景物或现场的第一手数据，揭露我们的文化和自然遗产的意义及关联
国家解说协会	解说是在自然、文化、历史资料中，启发人们感知深层次意义及关系的艺术

示事物内在意义与相互联系的教育活动"，"真正的解说者不应该停留在任何字典的解释上"，"解说是对事实陈述背后更大的真相的揭示"。他认为，解说的定义应包括三个要素：解说是一种教育导向的活动；解说的目的在于揭示人类与自然之间的含义和关系，而非现象的描述；这些事实的信息需要中介或媒体来展示。

无论何种解说定义，它们都包含两个重要特征。

（1）亲身体验，指解说活动需要在特定现实环境中开展，通过使用实物和资料对所处环境内的目标进行解释说明，听众可以通过聆听、触摸、交流等方式产生亲身体验的感觉并产生对未知事物的探寻乐趣，从而达到教育启发的目的。

（2）交流联系，指解说活动是一个"给予—联系—探寻"的过程，听众通过解说员陈述或阅读解说板、聆听解说录音等方式获得知识，联系自己已有的认知，进一步探寻相关知识。解说活动的目的，不仅是单一的知识输出，更是在传授的前提下引导听众参与交流，经过个人亲身体验，理解解说过程的价值与内涵，并激发听众的学习兴趣。

综上所述，解说是通过总体规划、管理、信息交流，使用合适的方法和媒介，对历史、文化和自然现象的"翻译"与价值再现，便于游憩者或其他受众对景点、环境、遗产等产生更深刻的理解、更好的欣赏以及保护，同时对受众产生启发作用的过程。解说的三个要素极为关键：一是解说有助于教育并引导受众进行某种行为；二是解说能揭开事物的本质，不被表象所迷惑，促进人与自然和谐相处；三是信息的传递需要借助一定的载体。

2. 旅游解说

旅游解说是解说的一种，以游客为受众对象的解说。借助旅游解说，游客结合亲身观看、学习与感受景观，通过亲身体验从而得到启发。它既是在向游客诉说某一景区的景色与历史故事，也能帮助游客看到非本能所看到的东西。据此，旅游解说是旅游管理部门以信息技术为纽带，搭建游客与旅游地的沟通桥梁，通过旅游解说行为揭示表象背后的深层含义，启发游客思考与共鸣，对旅游地产生情感认同，为景区优化服务出谋划策、提出建议。所以旅游解说具有传递信息、服务游客、教育游客等功能。

3. 旅游解说系统

早在 1979 年美国学者 Gunn 就提出了旅游信息系统（Tourism Information System，TIS）一词，它是具有采集、存储、加工、处理分析和输出旅游信息的一种计算机技术系统，同时还是一种以旅游信息数据化为基础，采用地理模型分析方法，适时提供多种空间和动态的旅游信息，为旅游管理部门提供决策管理、向社会提供旅游服务以及为旅游者进行旅游规划的决策支持系统。

解说系统是旅游目的地诸要素中的重要组成部分，是旅游目的地的教育功能、服务功能、使用功能得以发挥的必要基础。解说系统运用某种工具和发表方式，是特定信息传播并到达信息接收者中间，帮助信息接收者了解相关事物的性质和特点，并达到服务和教育的基本功能。

4. 智慧旅游解说系统

智慧旅游解说系统是一种基于现代科技手段的创新，通过网络连接，以语音导览、图片展示、视频投放、音乐播放等多种媒体为载体，实时更新景区信息，多语种呈现更加生动和多样化的景区景点，帮助游客深层次理解景点内涵，增强视听效果，为游客提供更加便捷、个性化的游览服务。智慧旅游解说系统是信息技术在传统解说中的高效应用，系统通过互联网共享旅游资源，对游客游览位置进行 GPS 精准定位，利用大数据平台收集游客信息，合理设计系统界面及模块，让游客通过手机等移动终端设备、二维码标志牌扫描等，享受景区提供的导览资讯、定点解说、AR 问答等解说服务，让游客享受景区沉浸式服务。

（三）解说的原则

在解说中应遵循的原则，学者经过了多年研究和总结，形成影响较大的是费门·提尔顿六原则以及赖瑞·贝克和卡柏十五原则。

1.费门·提尔顿六原则

费门·提尔顿在《解说我们的遗产》中，提出了影响深远的六大解说原则。

第一，任何不能将所展示或描述的东西与参观者的个性或经验联系起来的解说都是徒劳的；

第二，信息本身并不是解说，解说是基于信息的启示，但它们是完全不同的东西，然而，所有的解说都必须包含信息；

第三，解说是一门艺术，它结合了许多艺术，无论所呈现的材料是科学的、历史的还是建筑的，任何艺术在某种程度上都是可以教的；

第四，解说的主要目的不是教导，而是激励；

第五，解说的目的应该是呈现一个整体而不是一个部分，必须针对整个人，而不是任何一个阶段；

第六，针对儿童（如 12 岁以下）的解说不应该是对成人解说的简化，而应该遵循一种根本不同的方法，为了达到最好的效果，它需要一个单独的程序。

2.赖瑞·贝克和卡柏十五原则

赖瑞·贝克和卡柏于 1998 年在《21 世纪的解说趋势：解说自然与文化十五原则》中将费门·提尔顿的六原则进行延伸拓展，形成了 15 项解说原则。

第一，为了激发人们的兴趣，解说者必须将解说主题与游客的生活联系起来；

第二，解说的目的不仅仅是提供信息，更要揭示更深层次的意义和真理；

第三，作为一种艺术作品，解说应该被设计成一个具有传递性、娱乐性和启发性的故事；

第四，解说的目的是激励人们拓宽视野；

第五，解说应该呈现一个完整的主题或论点，并针对整个人；

第六，当儿童、青少年和老年人在同一个受众群体中时，解说应该遵循根本不同的方法；

第七，每个地方都有一段历史，解说者可以通过解说将过去引入当下，并使其对于未来具有意义；

第八，高科技能够以令人兴奋的新方式向观众展示世界，然而，当这种技术被纳入解说中时必须谨慎和具有预见性；

第九，解说者必须关注所提供的信息的数量和质量，解说的质量比时间更重要；

第十，在应用解说艺术之前，解说者必须熟悉基本的沟通技巧，高质量的解说取决于解说者的知识和技能，这种技能应不断被完善；

第十一，解说性文本应该了解读者想要知道什么，应体现权威的知识，并伴随着谦逊和关怀的特质；

第十二，解说必须能够吸引经济、志愿、政治以及行政等方面的支持，以助益项目的蓬勃发展；

第十三，解说应该培养人们感知周围美景的能力和渴望，以促进游客精神提升和鼓励资源保护行为；

第十四，解说者可以通过有意图的和深思熟虑的项目和设计来促进游客的最佳体验；

第十五，激情是强大而有效的解说的基本成分，这种激情包括阐释者对资源的激情和对那些逐渐受到同样的启发的游客的激情。

二、解说系统的特征

解说系统是将旅游景区的相关信息传递、输出给受众者，具有教育、引导、服务等综合功能的系统。它一般具有以下特征。

（一）教育性

解说系统的核心特征之一是教育性，它通过传递知识来增强游客对景区的理解和欣赏。教育性的解说不仅提供事实信息，还旨在激发游客的好奇心和探索欲。解说系统应通过特定的媒体和表达方式，协助信息接收者深入了解相关事物的性质和特点。在美国黄石国家公园，解说牌和导游服务提供了关于地质特征、野生动植物和公园历史的详细信息，使游客能够更好地理解和欣赏这个独特的自然区域。

（二）互动性

互动性是解说系统的另一个关键特征，它鼓励游客积极参与并与之互动。这种参与可以是直接的（如通过提问和讨论），也可以是间接的（如通过设计互动展览和活动）。解说系统应促进游客与景区之间的互动，从而增强游客的参与感和体验感。例如，澳大利亚大堡礁的解说中心提供了触摸池和虚拟现实体验，让游客能够近距离接触珊瑚礁生态系统，并通过互动学习保护海洋环境的重要性。

（三）多样性

解说系统应包含多种媒介和方法，以适应不同游客的需求和偏好。这种多样性确保了信息的广泛传播，并为游客提供了多种学习方式。解说系统包括人员解说和非人员解说，如标识牌、导游图、音视频设备等，以满足不同游客的需求。例如，伦敦博物馆使用多语言解说、互动展览和现场表演，为不同背景的游客提供丰富的学习体验。

（四）文化敏感性

解说系统需要对景区的文化背景和敏感性有所理解和尊重。这意味着解说内容和方式应考虑到当地社区的文化价值观和传统。在不同文化背景下，解说系统设计需要考虑文化差异和敏感性。例如，新西兰的毛利文化遗址通过毛利导游提供解说，这些导游不仅分享历史和传说，还通过歌曲和仪式展示毛利文化，使游客能够以尊重和敏感的方式体验当地文化。

（五）可持续性

解说系统的设计和管理应遵循可持续原则，以保护景区资源并促进其长期保护。这种可持续性体现在解说内容和方法上，鼓励游客采取环保行为。解说系统应促进环境保护和可持续发展，通过教育游客来实现这一目标。例如，哥斯达黎加的生态旅馆通过解说牌和导游服务强调保护热带雨林的重要性，鼓励游客参与保护项目，如植树和野生动物监测。

（六）技术整合性

随着科技的发展，现代解说系统越来越多地整合了先进技术，如移动应用、增强现实和虚拟现实。这些技术的应用提升了解说的互动性和吸引力。新技术在解说系统中的应用，能提升游客体验感。例如，故宫博物院利用移动应用和虚拟现实技术，让游客能够虚拟参观宫殿，并通过增强现实技术与历史人物"互动"，提供了一种全新的文化体验。

课堂思考

1. 旅游解说系统未来发展的趋势是怎样的？

2. 出游时你希望旅游解说系统给你提供哪些信息或帮助？

任务二　解说系统的分类与功能

一、解说系统的分类

根据不同的划分标准，可以将解说系统划分为不同的类别。

（一）根据解说内容不同

根据解说内容的不同可以分为环境解说、旅游解说和遗产解说。

环境解说（Environmental Interpretation）专注于自然环境保护和自然现象的解释。它旨在提高公众对自然环境的认识，激发人们对自然保护的兴趣和责任感。在国家公园内，环境解说可能包括对特定生态系统的介绍，如湿地的生态功能、动植物种类及其栖息地保护的重要性。例如，黄石国家公园提供了关于地热现象的解说，解释了地热如何形成及其对环境的影响，如何保护这些独特的自然景观。

旅游解说（Tourism Interpretation）侧重于提供旅游相关信息，帮助游客更好地规划和享受他们的旅行体验。这种解说通常包括旅游目的地的历史、文化、活动和实用信息。在城市旅游中，旅游解说可能涉及城市的历史背景、主要旅游景点的介绍、当地美食和文化活动的推荐。例如，巴黎的旅游解说可能包括对埃菲尔铁塔的历史、建筑特色以及访问信息的详细介绍。

遗产解说（Heritage Interpretation）专注于文化遗产的保护和传承，它向游客传达历史遗迹、文化传统和历史事件的重要性。遗产解说的目的是让游客理解并欣赏文化遗产的价值。在历史遗址，如中国的长城，遗产解说可能包括对长城的历史、建筑技术、军事意义以及保护措施的详细介绍。例如，意大利罗马斗兽场的解说可能涉及其建筑历史、古罗马文化以及对现代文化的影响。

环境解说、旅游解说和遗产解说各有其独特的焦点和目的，但它们共同的目标是增强游客的体验和理解。通过有效的解说，游客不仅能够获得知识和信息，还能够对所访问的地方产生更深的认同和更好的体验。这些解说类型在实际应用中往往是相互交织的，一个完整的解说系统可能同时包含这三种类型的解说元素，以为游客提供全面而丰富的体验。

（二）根据解说功能不同

美国国家公园根据解说系统功能不同，将解说系统分为园外解说、环境解说和遗产解说。

园外解说是在公园的边界以外建立宣传和说明系统，作为园内解说系统的补充，以增加公众对景区景点的了解。

环境解说是向旅游者进行环境教育，一般在于介绍自然史和自然资源的知识，如生态系统、地质现象，以及与二者有关的人类活动。

遗产解说主要是进行历史文化教育，包括增加游客对文化景观、历史建筑以及与其相关的人类活动的了解。

环境教育和遗产教育一般与当地学校的师生、社会教育机构、专业团体结合进行，对社会素质的提高具有重要作用。

（三）根据解说对象不同

旅游解说系统服务根据对象不同，分为成年人解说、儿童解说、特殊人群解说。

成人解说针对成年游客，内容通常更加深入和专业。如艺术画廊的导览讲解，针对成人观众提供艺术作品的深入分析。儿童解说针对儿童游客，内容更加生动有趣，易于理解。如动物园的儿童互动区，通过游戏和活动让儿童了解动物的生活习性。特殊人群解说针对特殊人群，如残疾人、国际游客等。残疾人需要更加方便的设计、专门化的媒体形式；而国际游客需要公园向他们提供翻译成他们能够阅读的文字的解说服务。

（四）根据服务方式不同

根据解说系统为旅游者提供信息服务的方式，可以将其分为向导式解说系统和自导式解说系统。

1. 向导式解说系统

向导式解说系统亦称导游解说系统，以具有能动性的专门导游人员向旅游者进行主动的、动态的信息传导为主要表达方式。它的最大特点是双向沟通，能够回答游客提出的各种各样的问题，可以因人而异提供个性化服务。同时，由于导游一般掌握较多的专业知识，向导式解说系统的信息量一般非常丰富，但它的可靠性和准确性不确定，这要由导游员的素质决定。

向导式解说通常由专业导游或解说员带领，即景区导游为游客提供解说服务，他们具备对特定主题不同程度的了解，能够为游客提供景区背景信息，以及与景区历史、人文等息息相关的人物故事，传递景区主题思想。解说员的作用是宣传教育和引导，是景区信息传递的灵魂，解说员自身文化素质的高低直接决定解说效果的好坏。解说过程比较活跃，是一种动态的互动过程，游客可以在解说过程中通过提问与导游进行互动，或通过观察来进一步了解他们感兴趣的内容，能够给游客带来个性化的游览感知。

2. 自导式解说系统

自导式解说系统是由书面材料、标准公共信息图形符号、语音等无生命设施、设备向游客提供静态的、被动的信息服务。它的形式多样，包括牌示、解说手册、导游图、语音解说、动画、幻灯片等，其中牌示是最主要的表达方式。为游客进行静态解说，更多地依赖于游客自身的主动探索和理解，整个过程自由灵活，自主选择性强，游客可以根据自己的需求、按照自己的节奏，选择感兴趣的内容，是一种

（二）教育功能

旅游解说系统的教育功能体现在景区通过各种解说媒介向有兴趣的游客提供有针对性的解说服务，加深游客对旅游景区的资源及其价值、旅游景区规划设计的深刻理解，进而增强其情感体验，提升认识水平。景区解说系统的教育功能不仅有助于延长旅游产品的生命周期，更有助于提高全民族文化道德素养。通过旅游解说系统教育，游客可以体验环境教育、历史文化教育和爱国主义教育等。

旅游解说的环境教育主要针对自然景观资源。解说系统运用科学的解说手段将自然风光中涉及的景观成因、植被、地貌、水文、气象等科学知识传递给游客，不仅便于记忆，还能陶冶游客性情，激发游客对祖国大好河山的热爱。例如，森林公园的解说系统就可以帮助游客了解森林中各种树木资源，认识树木的名称、生长地、生长的环境条件以及森林与人类的关系等。

历史文化教育主要是针对历史文化遗产解说和民族文化解说。历史文化旅游景区旅游解说系统，可以让游客深入了解景区的文化景观、历史建筑、民风民情等，回顾先人的伟业，激发为未来奋斗的豪情。如秦始皇陵兵马俑解说系统，再现了秦统一六国时工农业发展和人民的生活状态，给游客一次生动深刻、活灵活现的秦代历史教育；另外一些壮美的自然景观往往与历史事件、历史人物融为一体，自然与文化的融合，使整个旅游景观具有时空立体性。如四川与云南交界处的泸沽湖，游客不仅可以欣赏泸沽湖山水的壮美，还能了解女儿国（母系氏族）特有的文化和习俗。

爱国主义教育主要针对红色旅游景区。红色旅游景区的旅游解说系统是进行爱国主义教育的最好素材，通过景区各景点、景观的介绍，可以教育今人、鼓舞后人，使游客深刻了解老一辈革命家的成长历程、崇高品格、先进事迹、精神境界、人格魅力等，有利于革命优良传统文化的传播。

（三）使用功能

旅游解说系统的使用功能体现在旅游景区利用各种解说媒介为游客提供各种信息传递服务，使游客能系统地了解景区以及该景区存在的价值和意义，具有启迪智慧、增强旅游体验的功能。通常由景区外解说系统和景区内解说系统两部分构成。

景区外解说系统为游客和潜在游客提供了解景区的一个窗口，它具有辅助功能，可以强化游客景区活动的选择，主要包括交通解说系统、接待设施解说系统、游客中心解说系统等，主要建在景区以外，是对景区内解说系统的补充。

景区内解说系统是针对各种景点进行宣传和说明，设在景区内，一般由软件部分（如导游员、解说员、咨询服务等能动性解说）和硬件部分（如导游图、导游手册、牌示解说、语音解说、资料展示等）构成。

（四）审美功能

旅游解说系统不断探索旅游主体的审美心理因素、审美流程及其间的关联性，将现有的景观审美要素有机地结合，并为各景观形成主体个性化创造良好的物景。在正确的审美观点下，旅游解说系统通过多样化的解说媒介把旅游区的自然美、社会美、艺术美和语言美有机地结合起来，展示给游客，满足游客的审美要求。如解说员利用生动的语言、有情感地讲解去感染游客，启发、诱导他们从内心深处去感受美。其实，对于展现在眼前的各种物化景观，所有游客都能看出它的美，解说员主要是进行深入启发，揭示景观的历史渊源、文化内涵及其价值所在，使旅游者对景观各种美的元素感受得到升华。

（五）保护功能

一个合理有效的旅游解说系统可以通过解说来宣传国家对各旅游景区的保护政策，增强游客和当地居民的法律意识，使其依照法律来保护环境。通过这些解说系统，可以改变游客的行为方式和习惯，帮助人们树立"防重于治"的新观念，增强大众保护环境的意识，增强游客和当地居民的法律意识。如在建设旅游景区、开发旅游资源时，通过醒目的宣传牌示和幽默诙谐的语言，向人们传递有关景区保护的常识，充分利用旅游解说系统的优势，提高人们对各种景观资源的认识，引导游客自觉地爱护旅游景区的旅游资源、保护景区的旅游环境。

课堂思考

1. 现今，在智慧景区中常用到的解说系统有哪些？

2. 你认为自导式解说系统会取代向导式解说系统吗？

3. 作为景区从业人员，你认为应当如何熟悉解说系统的功能？

任务三　解说系统构成要素

一、解说系统构建原则

解说系统的构建是旅游规划的重要组成部分，完善的旅游解说系统可以为游客提供人性化的服务，缓解游客不恰当的行为对景区资源和生态环境的破坏，提高景区的管理效率。旅游解说系统构建应遵循五个原则。

（一）以人为本

"以人为本"是现代管理伦理的核心，解说系统的构建要结合文化、景观等，充分体现人与自然的和谐，凸显旅游景区自身独特的人文关怀，最大限度地突出"以人为本"。对于人在旅途的游客来说，放松心情才是真旅游；对于属于服务业的旅游景区来说，最重要的就是要以游客为本，处处为游客着想，事事以游客为重，注重解说设施方便实用；另外，高质量的服务也是旅游景区的人性化体现。所以，解说系统的构建要始终把游客利益放在第一位，正确处理全局与局部、服务与管理、预防与打击、教育与惩治等各种关系，不断树立勇于尝试、勇于创新、永不知足的思想意识，充分调动景区工作人员的积极性和创造性，积极创造良好的旅游环境。

（二）以游客为中心

解说系统服务的主要对象是游憩者，在构建时应深入研究游憩者的心理和行为，充分考虑游憩者的感受，一方面，要加深游憩者对旅游资源价值的理解，使之实现"了解—理解—欣赏—保护"的深化过程，促进旅游资源的保护；另一方面要针对不同游客的需求特点进行设计，树立以游客为中心的思想理念，时时刻刻以游客为本，灵活应变，采取恰当的服务措施，满足游憩者对知识、娱乐和教育的需求，带给他们惊喜，尤其是在一些特殊情况下，如特殊的天气、特殊的时期、特殊的游客等，确保解说信息的可靠性和易获得性。

（三）以和谐为原则

解说系统是连接旅游目的地内人与物、物与物、人与人之间的纽带，其构建应遵循与周围环境相和谐的原则。不同类型旅游的主体风貌各不相同，即使同一旅游景区的不同旅游区域景观的主体风貌也有差异，因此，解说系统在构建中要尊重当地民族文化传统，要关注解说设施、设备、材质以及外观、字体、色彩等，必须与周围的景观或环境相融合，解说内容的表述和故事的刻画必须具有鲜明的景区特色，关注解说系统与周围环境的整体融合，展现旅游目的地的地方形象，凸显旅游目的地的魅力。

（四）以"双赢"为目的

解说系统的构建中，应兼顾游客和旅游目的地的利益，达到"双赢"的目的。一方面，旅游目的地通过解说系统可以将旅游目的地的管理目标、策略、措施传达给游客，加深游憩者对旅游资源的认识，引导游憩者的行为，使其在游览中能有意识地约束自己的行为，积极地配合旅游目的地的管理和保护工作，促进旅游目的地管理目标的实现；另一方面，游客借助解说系统，可以将旅游经历提升至旅游体验层次，获得对旅游景观更大的欣赏。

（五）以景观本体性为准

不同类型景区的解说系统，在确定其解说内容的重点、选择媒体及材料等方面，应注意将景观表层与景观意象由浅入深、由外在到内涵全面展开，满足不同层次的人群调适心情、寄托情感、感悟人生的需求。如在以人文景观为主的景区，解说内容的重点应放在景观的由来、建筑、科学、历史价值等方面，多选用金属、塑料等现代材料制作媒体；在以自然景观为主的景区，解说内容的重点则放在景区自然风光、景观成因等科普知识方面，解说媒体也多选用与自然氛围相近的木质或石质材料，强调用浅显易懂的语言描述大自然的神奇。

二、解说系统的构成要素

一个完善的旅游景区旅游解说系统包含解说员、解说设施、解说信息、景区管理和解说受众等要素，在这个模式中，解说员、解说设施、解说信息、景区管理、解说受众之间相互作用、相互影响，构成了一个不可分割的系统，解说信息是吸引解说受众前来的基础，是整个解说系统的基石，解说员、解说设施则是连接解说信息和解说受众的桥梁和纽带，是解说系统的核心和本质，解说信息通过解说员、解说设施等传递给解说受众，解说受众针对解说信息提供反馈评估，但无论是信息的传递还是信息的反馈评估，都离不开景区管理。

（一）解说员

现代的旅游解说既是一种服务，更是一门艺术。解说员是具有能动性的专门导游人员，负责向游客进行主动的、动态的信息传播，合格的解说员不但要具有良好的服务意识、精湛的服务技能，更要具有超强的解说能力。

1. 解说员的主要职责

旅游导游解说主要在旅游景区内根据旅游接待计划和实际情况，合理引导游客的游览活动，在带领游客游览的过程中，除了为游客讲解与景区有关的知识，回答游客提出的各种问题外，还要结合讲解，宣传爱护环境、保护古迹以及自然遗产的知识，为防止发生意外，还要随时提醒游客注意安全，照顾好游客。

2. 解说员应具备的从业素养

旅游解说服务的质量很大程度上取决于解说员的从业素养。不同的场地、不同的内容需要不同的解说方式和方法，不同的解说受众更需不同的解说技巧，一个优秀的解说员不仅要为游客提供标准化的服务，更要能为游客提供个性化服务。

为了规范解说服务质量，美国国家公园根据解说员应具备的基本能力和应掌握的解说关键技术，确定了对解说员进行解说专业素质教育的解说技能方程式：$(Kr+Ka)+AT=IO$，围绕该方程式，我们认为解说员应从 Kr、Ka、AT、IO 这四个方面提高从业素养。

Kr 指关于资源的知识，即解说员应掌握的基本知识。对于解说员来说，必须了解资源是什么、资源包含的具体、抽象及普遍的概念，同时，还要懂得如何将具体的表象与抽象的概念连起来进行表述的能力，如当看到废物箱里的一个空啤酒瓶时，不仅可以和游客讨论它的制作材料，同时还能延伸到酿酒、饮酒、禁酒以及废物的回收和利用等话题。

一个优秀的解说员应该主动研究资源，熟悉资源的发展历史，了解资源的过去、现在以及面临的挑战，明白资源保护的重要性，且能将资源的具体表象与抽象的概念连起来传递给不同的解说受众。这项能力的培养要求解说员不仅自己要先认清资源的价值，同时还要广泛吸收其他人对资源的评价和认同，拓展对资源认识的深度和广度。

Ka 指关于游客的知识，解说员不仅要充分了解游客的客源地、年龄、停留时间、乐意参与的景区活动，同时还要了解游客的职业、性别、受教育程度、收入水平、参观动机等基本信息，其中，最重要的是了解游客来景区参观最感兴趣和最期盼的事情。游客知识的掌握，不仅可以使解说员选择合适的时间和地点对游客进行有效解说，还便于解说员能够选择合适的解说方式，帮助游客了解资源的新知识。所以，一个优秀的解说员必须真正了解游客、仔细研究游客的需求，乐意和游客分享自己对资源的热爱，教育和启发游客，协助游客实施旅游、保护环境。

AT 适当的技巧，指解说员应根据不同的解说环境选择最适宜的解说方式和技术进行解说信息的传递，包括恰当的解说媒介、有效的解说技术、激发游客参与的方法、解说材料的组织以及解说员的服务形象和服务态度等，尤其强调解说员的随机应变能力。一个优秀的解说员不仅要热情，更要时刻关注游客的反应，学会引导游客自己去发现、去体验、去思考。解说员通过富有科学性、知识性、艺术性、适用性的语言，配合表情、手势等体态语言，深入浅出地引导游客学习，让游客在获得游憩体验的同时，透过"发现""惊奇"，使体验深植于人心，达到真正的双向沟通。

IO 解说机会。由于游客的文化背景、个人经历和生活环境不一样，对同一个事物所表现的认识和情感也不同，所以解说项目的设计就像准备一盘品种丰富的精美甜点餐盘，尽可能地考虑游客的各种需求，多选择与游客相关的、感兴趣的、令人难忘的解说方式，满足不同游客的选择。解说是提供给全体游客的，而非某一群体，解说员在解说中，应学会以多种的方法来表达或要能为游客提供各种可能的机会，营造良好的环境，尽量让游客保持注意力，避免游客抗拒或回避解说，让游客在获得知识的同时受到启发，从而保证解说的服务效果。

（二）解说设施

解说设施是旅游信息的载体，是解说员开展旅游解说的辅助工具，是影响解说质量和效果的重要因素。解说设施种类很多，通常包括标识牌、模型和沙盘、视听媒介、网络以及印刷品等。解说内容不同，采用的解说设施不同；游客不同，解说设施也不同。

（1）标识牌

标识牌是旅游景区最常见的一种旅游解说设施，《现代汉语词典》对"标牌"的解释为"做标志用的牌子，上面有文字、图案等"。标识牌的类型从不同的角度会有不同的划分，按标识牌的功能划分，可分为解说标识牌、引导标识牌、警示标识牌和宣传标识牌；按解说对象和内容划分，可分为吸引物解说标识牌、旅游设施解说标识牌、环境解说标识牌和旅游管理标识牌；按所属范围角度划分，可分为旅游景区外部标识牌和景区内部标识牌。不同的牌示具有不同的作用，会达到不同的解说效果。表1-2列出旅游景区内常见的各种标识牌。

表1-2　常见标识牌及作用

种类	作用
全景牌示	使游客了解旅游景区的总体布局、各景点布局、服务设施及各条游览线路
景点牌示	说明各个景点的具体名称、由来、历史和文化内涵
交通引导牌示	包括景区外部交通导引和内部游览交通导引两部分
警示牌示	告知游客在景区旅游的注意事项
服务牌示	指示具有服务功能的场所
教育牌示	提高游客对旅游景区的了解和认同

（2）智慧旅游系统

智慧旅游系统是利用现代科技手段，将景区的历史、文化、风景等方面的信息进行数字化处理，通过智能化的解说服务，为游客提供更加全面、深入的解说服务的系统。这种设施和平台不仅可以提高游客的游览感知，还可以为景区的管理和运营提供更加科学、高效的手段。在构建景区智慧化过程中，智慧解说功能，是增强游客满意度、提升游客感知的核心功能，是智能导游系统交互性最强的形象窗口，包括GPS定位、智能导览、定点解说、智能问答、语音助手以及线上语音提示购票等。目前，智慧旅游解说模式主要有两种：一种是智慧解说小程序，如"庐山一机游""畅听庐山""三毛游"等；另一种是智慧旅游解说设备，包括移动耳麦、幻灯放映、录像电影、触摸屏、多媒体演示等。

（3）音像解说设备

音像解说设备借助声音、影像等有效传播媒介，通过刺激游客的听、视觉神经，向游客解说景区的各种旅游资源，让游客集中注意力，增强游客的旅游乐趣，丰富游客的旅游知识。旅游景区可以将景区独特的自然风光、人物传记、民俗风情等制作成 VCD、DVD、CD 来对景区进行宣传和解说，这些影像制品既可以在景区内播放，也可以让游客购买以延长游客的愉悦时间。此外，在游客游览观光时，景区辅以背景音乐、景区提示、CD 等解说设施，一方面可以提升游客游览的愉悦感，提高游客游览的兴致及欣赏水平；另一方面可以保证景区的正常运转，提高游客满意度。

（4）印刷品解说

旅游景区通过书籍、报纸、刊物等印刷品，向游客介绍景区的发展情况、生态环境，以及景区食、住、行、游、购、娱等信息，不仅可以帮助游客深入了解景区的旅游资源价值，减少游览过程中的各种障碍，同时还能为景区的管理者提供决策依据，帮助提高景区管理水平、服务水平，提升景区的服务质量。

（5）展览

为使游客能对旅游景区形成一个比较完整、清晰的空间概念，景区可有目的地利用文字、图片、实物、模型和沙盘等形式设计一系列展品，向游客传递解说信息。展品设置常通过一个不寻常的结尾或独特的观点来揭示信息，必须与受众的日常生活引发关联，且能激发受众的兴趣和好奇，这些展品可以是动态的，也可以是静态的，其展示的主要目的是促使游客根据自身的情况自主地参观，鼓励游客只要有可能就来参观"真正的实物"。

（三）解说信息

解说信息是旅游解说构成的核心部分，是公众认知旅游景区、了解旅游景区，并产生旅游动机和欲望的重要影响因素，旅游景区的解说信息不仅包括对旅游地的自然环境和社会环境的解释，还可以是对旅游地管理政策、旅游活动过程中的注意事项或旅游设施使用等方面的说明。如游客进入植物园后，通过景区提供的植物解说，可以认识植物及其生存环境，接受环境教育；进入主题游乐园后，通过阅读游乐园提供的各类高科技设备的使用方法及注意事项，可以正确选择和使用各类设备。

（1）解说内容

解说系统是旅游景区发挥服务功能、教育功能和安全警示功能的主要载体，解说内容必须全面、科学、准确、生动有趣。第一，景区解说信息不仅包括对旅游景点的详细介绍，还应包括对景区旅游设施、景区管理体制、管理制度以及对游客管理的措施等方面的内容，比如引导游客参观的道路指示牌、导览图；为方便和提醒游客的各种公共服务信息；各类安全警示教育信息等。第二，解说的内容必须科学准确，不能似是而非，更不能歪曲误导，同时解说内容的选择必须做到中心准确、重点突出、条理清晰。第三，由于旅游景区的解说主要是面向广大游客的，而非专业人士，所以要求解说信息必须生动有趣、通俗易懂，容易为游客接受。

（2）解说对象

解说对象即人们常说的旅游资源，是对游客具有吸引力的自然景观、历史文化景观以及各种人工创造物，是解说活动开展的基础。根据旅游资源的发生属性及组成要素，可把旅游资源分为自然旅游资源和人文旅游资源。自然旅游资源是指以大自然造物为吸引力本源的旅游资源，包括地文景观类、水域风光类和生物类；人文旅游资源是指以社会文化事物为吸引力本源的旅游资源，包括古迹与建筑类、消闲求知健身类和购物类，不同的景观具有不同的资源特点，解说的重点不同，解说的方式也不同。

通常自然景观的解说中，比较强调旅游资源的物质实体性、地带性、时间性、生态性以及不可再造性和不可移植性，如对地文景观的解说不仅包括对旅游资源本体的科学说明，更强调对景观成因、地质构造、地貌环境等的解释，以满足游客的求知欲；对水域风光的解说中，则要注意兼备科学性和审美性，既要解释河流、湖泊形成的原因，又要讲述景观变化的情况及原因，以提高游客的审美观；对生物资源的解说则更强调其环保性、生态性，让游客在了解生物资源的同时，增强保护环境的意识。

相对于自然景观，人文旅游景观则强调它的精神文化性、可创造性和历史社会性。对遗址类景观的介绍要交代修建时间、耗费时间、主持人物、历史背景和修建原因；对建筑设施类的介绍则要着重介绍建筑设施的风格及其体现的人文理念；在解说旅游商品时，要注意解说其制作工艺、流程、特点和销路；对一些人文活动的解说则要注意介绍活动的由来、形式和内涵，讲究历史的真实性。

（四）景区管理

解说是一个信息传播的过程，解说系统是一个由多要素组成的有机整体，如果说解说信息是解说系统的基础，解说受众是解说系统的服务对象，解说员和解说设施是桥梁和纽带的话，那么景区管理就是那个架桥铺路的人。无论是解说信息通过解说员或解说设施传播给解说受众，还是解说受众对解说信息的接受和反馈，都离不开景区管理。一方面，景区管理方通过对解说员的专业培训和管理，不仅可以提高解说服务质量，同时还能提高解说的有效性；另一方面，解说设施、解说技术的更新也必须由景区统一规划、科学管理，因此景区管理应该是景区解说系统评价中的一个重要因素。我们认为在景区解说系统的管理中，景区管理者首先要重视解说系统的建设，同时要有科学的规划和具体的实施方案，在做好员工的培训管理工作后，还要加强景区网站、游客中心的建设和维护。

（1）旅游网站

旅游网站是利用网络技术，在服务器上存储若干旅游信息，向游客提供人与人、人与机交流的网上旅游服务场所。一般旅游网站会包括许多 Web 页面，网站创建的目的不同，提供的旅游信息会有所不同。如政府部门的旅游网站一般重点发布旅游新闻、行业管理、政策法规、旅游统计数据等；应用服务供应商网站除了发布具有政府网站的旅游新闻、旅游政策外，还有旅行社、旅游饭店、旅游交通等旅游经营信息；旅游企业网站则更多地介绍企业自身的产品，宣传和发布本企业的旅游信息。

旅游景区的网站页面往往包括许多文本、图像、声音，俗称是景区的"百科全书"，潜在游客通过网站的浏览器可以领略景区优美的风景或历史文化，激发起旅游动机；旅游者从中可以找到旅游景区的相关信息和获得信息的途径；旅游经营者可以通过景区网站开展网上预订、网上售票等业务。同时，作为联系和沟通游客的桥梁，很多景区网站设置的游客论坛也备受游客青睐。

（2）游客中心

游客中心又称"游人中心"或"游客接待中心"，旅游景区设立的为游客提供信息、咨询、游程安排、讲解、教育、休息等旅游设施和服务功能的专门场所。

作为景区对外管理的主要窗口，游客中心是一种综合式的旅游解说媒介，能为游客提供一站式的综合旅游解说服务，按其存在形式又可分为现实游客中心和虚拟游客中心。现实游客中心是指景区为现实游客提供咨询的服务机构，服务设施的等级、性能、质量、数量对游客中心能否正常发挥效用有着极其重要的作用；虚拟游客中心则是为潜在游客提供旅游预体验、旅游资讯与出游咨询的服务机构，一般通过互联网与客源接触，强调互动性。在信息流通更为发达、迅速的今天，虚拟游客中心的发展前途更大。

（五）解说受众

1. 解说受众的概念

解说受众是指旅游解说信息的使用者，通过旅游达到了解、体验、享受旅游过程的个人或团体，它包括现实游客和潜在游客，广义的解说受众还包括当地居民。在整个旅游活动中，游客会有意识地将自己接收旅游地的自然风光、民俗风情、传统文化等信息进行选择并整理加工，而且还会将自身的文化观、价值观传播到旅游地，所以，游客既是旅游信息的接受者，也是旅游信息的使用者，同时还是旅游信息的传播者。

潜在游客虽然暂时没有具体的旅游活动，但存在旅游动机，尽管年龄、职业、身体状况和经济能力等个人因素会影响游客的旅游动机，但旅游信息的收集对个人的出行与否至关重要。因此，在外出旅游前，人们总会收集各种相关的信息，然后根据自己的偏好做出旅游决定。

2. 游客的人口统计特征

旅游解说受众对于解说系统的内容要求和理解接受能力与其年龄、受教育程度、性别、收入状况、兴趣爱好等密切相关。

研究表明，不同年龄段的游客对旅游解说媒体的需求差异显著，21 ~ 30 岁年龄层的游客多倾向于选择"人员提供咨询服务"，31 ~ 40 岁年龄层的游客则倾向于选择"专家学者的专题演讲"；受教育程度不同的游客，对解说服务也存在较大的需求差异，通常大学文化程度的游客选择"解说员带队解说"要高于其他受教育者；随着游客到访次数的增多，对解说设施的需求也不同，一般初次到访者往往会选择"解说牌"，多次到访者则会选择"展示馆""专题演讲""多媒体"等设施。

可见，不同游客参观不同的景点时有着各自不同的期望，解说设计中要综合考虑旅游解说受众的属性，根据游客的人口特征，试着确定游客可能参加的旅游项目，以及游客可能感兴趣的解说主题，提供符合他们需求的解说活动，在解说过程中区别对待，做到有针对性、有区别性，才能达到预期的效果。

3. 游客的旅游需求

游客的旅游需求很大程度上是以马斯洛的需求等级理论为基础的。生理需求是人们最主要、最根本的需求，如果游客感到疲劳，就会想到找个长凳休息，想去厕所就想能方便地找到厕所……所以必须在进行景点、设施、项目的设计时考虑游客的生理需求；安全需求是需求等级中的第二个层次，如果游客认为某项活动不安全，就会拒绝参加该项目，所以在为游客提供解说服务时，要记住安全需求；通常情况下，人们总喜欢结伴前往公园、历史遗迹等地参观，很少自己单独前往，这样更有安全感，至少在有需要时会得到帮助，这是游客的社会需求；每个人都有提升自己的愿望，当人们因尝试而受到别人的称赞时，当人们的成就得到别人的认可时，学习效率是最高的，所以受尊重的需求是游客加入解说项目和解说服务的一个主要动机；自我实现的需求是每个人一直努力的目标，通过解说，可以鼓励游客在学习中达到自我实现，通过探索新的方法成为更全面的人才。

复习与思考

一、名词解释

1. 解说系统

2. 解说

二、简答题

1. 简述解说系统的功能。

2. 简述解说系统的构成要素。

3. 简述解说系统的特征。

推荐阅读

"金牌解说"旅游景点语音解说系统，让旅行更加有趣

"金牌解说"是旅游景点语音解说系统，专注景区智慧语音导游导览讲解，为游客提供优质语音讲解服务，改变景区讲解员传统"讲"的方式，解说员自主录制，一个场景一个故事，为游客提供有趣的、生动的、可看的解说，满足游客碎片化的听看需求。金牌语音讲解为用户提供非常多的景点解说信息，让用户一个人去景点游玩时，会拥有随身导游去给用户进行景点的介绍，帮助用户去进行多方面旅游攻略的了解，让用户可以更加随性地去进行旅游，让旅游更加有趣。

一、金牌语音讲解的四大特点

1. 多媒体传送

语音导览系统可以提供免费、优质的内容，如文字介绍、图片展品、语音导览系统形象生动的音频讲解和视频展示等。

2. 成本低廉传播范围广

语音导览系统制作简单、成本低、运营成本低、推广效果好，且能提升景区的服务水平和质量。

3. 不受限制

无须在特定时间和地点使用，无须使用额外管理设备，操作简易，扫码即可听讲解，用完即关，不占手机内存，游客也可进行自主导览和回顾查看，可以加深游客记忆，提高用户体验感。

4. 利于分享

景区、展馆的应用，大容量地传递文化旅游信息，旅游可将手机上的展览信息分享到社交平台，以达到帮助景区和展馆引流、宣传的目的。

二、金牌解说工作流程

（1）联系景区相关负责人，收集景区的基本信息；

（2）拍摄景区、景点信息；

（3）在金牌解说系统上创建景区后台；

（4）联系景区讲解员录制景区景点介绍（若讲解员无法录制，则启用月牙堂运营中心工作人员进行录制）；

（5）剪辑讲解词音频，无误后上传金牌解说后台；

（6）后台进行审核，音频通过审核，即可下载二维码；

（7）将二维码和拍摄的景点素材提交给设计，进行物料设计；

（8）页面设计成功后，联系物料供应商进行物料制作；

（9）收到物料后，将物料铺设到对应的景点。

三、金牌解说使用流程

"金牌解说"语音讲解平台无须下载，无须注册，随扫随用，随用随走。

第一步：景区在各主次入口、游客中心、主要景点均设置有语音解说二维码标识，只需打开微信扫一扫，即可获得金牌解说。

第二步：选择你喜欢的金牌讲解员，付费成功即可畅听各个景点的历史文化。

第三步：收听结束后，还可以对讲解进行打分评价。

"金牌解说"让每一个景点不再静态、不再枯燥，让小语音、小故事讲述各大景区的文化、历史。使用"金牌解说"让我们带"每位游客"开启一场有深度、有广度、有温度的智慧文化之旅。

——资料来源：https：//mp.weixin.qq.com/s/8mQ0vs11C7Abrm3DdZGu-A

项目二　解说系统展示

◆ 知识准备

随着智慧旅游与智慧景区的高速发展，解说系统在类型、技术、平台、呈现方式、功能等方面，均表现出极大的不同，解说系统的交互性、体验性、趣味性、功能性不断增强。熟悉不同类型解说系统的特点，对了解解说系统的发展趋势，做好解说系统的维护与管理工作具有重要意义。

—————— 任务一　游客中心 ——————

一、游客中心的概念与功能

游客中心是旅游景区设立的为游客提供信息、咨询、游程安排、讲解、教育、休息等旅游设施和服务功能的专门场所。其主要功能包括：

（1）基本游客服务：主要指免费为游客提供的必要服务，包括购票、厕所、寄存服务、无障碍设施、科普环保书籍和纪念品展示等。

（2）旅游咨询服务：为游客提供相关的旅游咨询服务，包括景区及旅游资源介绍、景区形象展示、区域交通信息、游程信息、天气询问、住宿咨询、旅行社服务情况问询及应注意事项提醒。

（3）旅游投诉：旅游者向旅游行政管理部门提出的对旅游服务质量不满意的口头或书面上的表示。

（4）旅游管理：对游客中心服务半径范围内的各类旅游事务及游客中心本身进行管理，包括旅游投诉联网受理、定期巡视服务半径范围、紧急救难收容及临时医疗协调，以及设置游客服务中心服务项目公示牌。

（5）其他游客服务：雨伞租借、手机、摄像（照相）机免费充电、小件物品寄存、失物招领、寻人广播服务；电池、手机充值等旅游必需品售卖服务；邮政明信片及邮政投递、纪念币和纪念戳服务；公用电话服务，具备国际、国内直拨功能，移动信号全覆盖，信号清晰；有条件的，提供医疗救护服务，设立医务室，配专职医护人员，备日常药品、氧气袋、急救箱和急救担架。

二、游客中心的类型

依据景区规模与景区等级，游客中心主要分为以下类别：

（1）大型游客中心：5A级旅游景区中年服务游客量60万（含）人次以上的游客中心。

（2）中型游客中心：4A级和3A级旅游景区中年服务游客量30万～60万（含）人次的游客中心。

（3）小型游客中心：2A级和A级旅游景区中年服务游客量小于30万（含）人次的游客中心。

三、游客中心的设施设备

（一）咨询设施

游客中心通常配备有咨询台（图2-1）和咨询人员，提供景区的全景导览图、游程线路图、宣传资料、景区活动预告及景区周边的交通图和游览图。设置有用于传递景区游览与服务信息的电脑触摸屏和影视设备，介绍景区资源、游览线路、游览活动、天气预报，并提供网络服务，有条件的宜建立网上虚拟景区游览系统。

（二）展示宣传设施

游客中心设置有资料展示台、架（图2-2），展示景区形象的资料和具

图2-1　游客中心咨询台

有地方特色的产品、纪念品、科普环保书籍。
一般来说，大型游客中心展示架不得少于4个，
展示架所展示的资料应进行分类摆放，有明显
的标志或文字。中小型游客中心展示架不得少
于2个，展示架所展示的资料应进行分类摆放，
有明显的标志或文字。设置有主背景墙，在咨
询台的背面墙上应设置所在旅游景区的照片或
招贴画，并配合当地旅游活动不断更换。许多
大型游客中心还设置有循环播放影视资料设
备，可置于室内显著位置或建筑物外墙。

图2-2　游客中心资料展示架

（三）休息设施

游客中心设置有游客休息区（图2-3），面
积大小及座椅数量适当即可，能够较好地满足高峰期游客的短暂休息需求。游客中
心的选取一般要求与周边功能区有缓冲或隔离，要求安静、视野开阔。室内应有适
当盆景、盆花或其他装饰品摆放，并设置饮水设施。

图2-3　游客休息区

（四）特殊人群服务设施

游客中心提供有轮椅、婴儿车、拐杖等辅助代步工具或器械（图 2-4）。

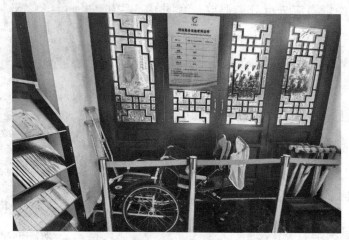

图 2-4　游客中心特殊人群服务设施

任务二　标识牌

一、标识牌的概念与类型

标识牌是一种载有图案、标记符号、文字说明等内容，能起到解说、警示、指引、装饰等作用的功能牌。标识牌解说是通过旅游标识牌来传递旅游信息的一种解说形式。它是一个面向游客的信息服务系统，是使景区的教育功能、使用功能、服务功能得以充分发挥的基础，也是游客获取旅游信息的重要手段。按功能划分，标识牌可分为全景标识牌、景点标识牌、指路标识牌、警示标识牌和服务说明标识牌五种。

二、标识牌的主要功能

（一）解说功能

标识牌是自导式解说系统的一部分，用于景区概况、景点介绍、历史文化、安全警示等旅游信息的传播，丰富游客对景区景点及其周边信息的了解。

（二）引导功能

标识牌通过提供明确的导向和信息，帮助游客在陌生的环境中找到方向，顺利地游览景区。景区平面图、道路指示牌等标识牌，具有强烈的指向性，为游客游览线路的设计、游览行程的安排与停留时间等，提供全面的引导功能。

（三）宣传功能

旅游的过程其实就是一个体验和了解异地文化的过程，景区标识牌的设计是地域文化的极大体现。游客在游览景区、景点的过程中，能够了解到当地景区所具有的文化内涵，或者通过标志牌认知当地的文化。好的旅游标识系统，可以起到广告的作用，为旅游景区增加客源。

（四）服务功能

标识牌是旅游解说系统的重要组成部分，能够为游客提供引导、介绍、安全提示等综合性的服务，提高游客旅游的满意度与便捷度。

三、景区标识牌的常见类型

（一）景区总平面图

景区总平面图是旅游区整体形象的重要组成部分，可以增强游客对景区的初步了解。通常情况下，景区平面图都设置在景区的大门口、游客中心或者是在景区内主要游径的旁边，帮助游客迅速获取所需要的游览信息，并使游客对景区留下更深刻的印象。

平面图上的信息主要包含景区全景图（图2-5）、景区文字介绍、游客须知、景点相关信息、服务管理部门电话等。景区全景图需要正确标注主要景点和游客中心、厕所、出入口、医务室、公用电话、停车场等服务设施的位置，明示咨询、投诉、救援电话。

（二）景点介绍牌

景点介绍牌（图2-6）指景点、景物，相关来历、典故综合等介绍。景点介绍牌是对景区里每个景点的详细介绍，一般放置在景点旁边，提供关于景点历史内涵的介绍，如所在地发生的故事、景点设置的意图等。

图2-5　全景图　　　　　　　　　　图2-6　景点介绍牌

（三）道路导向指示牌

道路导向指示牌，其实就是引导景区内方向的牌子。包括道路标志牌（图2-7）、公共卫生间指示牌、停车场指示牌等。这类指示牌在景区的需求量非常大，每个分岔口都应该出现。另外，指示牌的样子也可以表现出更多景区特色。

（四）警示牌

警示牌，一般是针对一种禁止性的行为而设置，主要在可能发生意外事件或者易出现安全事故的地方进行提示，提示游客注意安全、保护环境等一些温馨提示牌、警戒、警示牌（图2-8）。

图2-7　道路标志牌　　　　　　　　图2-8　警示牌

（五）服务设施名称标识

在售票处、出入口、游客中心、医疗点、购物中心、厕所、游览车上下站等场所，都需要设置这一类以提示功能为核心的标识牌，让游客的各种需求都能够快速便捷地得到满足。所以，它们的首要目标就是一定要醒目，让游客一眼就能找到。当然，在保证标识信息齐全的同时，还应该在外观上展现更多景区特色。

课堂思考

1. 查阅资料，说一说景区标识牌设计的要求。

2. 谈一谈你在日常生活中见过的最具特色的景区标识牌。

任务三 印刷品

一、旅游印刷品的概况

印刷品解说是指旅游景区利用报纸、书籍、刊物、纸质宣传材料等印刷品，将景区内的各种信息向游客进行传递的解说方式。

景区印刷品主要包括旅游地图、旅游指南、旅游风光画册、景区书籍、景区刊物、报纸等。印刷品解说的主要目的在于向游客传递景区的各方面信息，使游客对景区的发展概况、管理状况、景点情况、生态环境等了解得更加深刻，提升游客的旅游体验。

二、旅游印刷品的分类

依据功能，可以将旅游印刷品分为以下类别：

（1）宣传类：旅游宣传册、促销性传单、海报、广告招贴画等。

（2）服务类：饭店服务指南、菜单、地图、游览图、航班和列车时刻表。

（3）实用类：旅游杂志、游记、旅行须知、生活指南等。

三、旅游景区印刷品的介绍

（一）旅游地图

旅游地图主要向游客展示的是景区的地理位置，分为景区景点分布图、景区旅游线路图等，它也附有文字性的介绍，如景区概况、景区经典景点的简介等。因旅游地图要满足不同国籍的游客，所以需要使用多种语言。旅游地图不仅可以让游客明白自己在游览途中所在的位置，而且还可以指导游客进行其他的旅游活动，满足不同类型游客的需求。

（二）旅游指南

旅游指南也应该是多种语言文字的，以满足不同背景的游客的需要。旅游指南因不受字数和版面的限制，所反映的内容相当丰富，封面和封底也可以制作得相当精美以反映当地的特色和文化气息。旅游指南上所反映的信息一般有景区简介、游客须知、旅游服务设施（住宿、饮食、购物、交通等）、景点介绍、景区全景图、景点游线图、旅游咨询等。

（三）旅游宣传页

旅游宣传页是向游客宣传景区旅游形象的一种印刷制品。它既可以由旅游景区向来观光的游客发放，以宣传旅游形象，展示旅游产品，提供旅游向导服务，也可以通过旅行社等旅游机构向潜在旅游者宣传，以激发他们前来景区旅游的动机。旅游宣传页不同于旅游风光画册和旅游指南，它一般是单页双面的。因版面有限，所以反映的内容也受到限制。旅游宣传彩页上的信息有景区简介、景区导游图、景点享有的名誉介绍，具有代表性和反映景区主题的景区图片，与图片相关的简单文字介绍，旅游娱乐项目图片和介绍，景区联系电话、传真等。

| 相关链接 |

开启集章之旅！罗浮山景区宣传折页全面改版上新

罗浮山景区宣传折页主题为"粤岳福地 绿美罗浮"，由七部分组成，全篇分为游在罗浮、玩在罗浮、行在罗浮、罗浮奇遇、罗浮祈福、罗浮山导游图线路以及罗浮山特色等多个板块，并配以生动的风光图片及相应二维码集中向游客展示景区系列游玩打卡地与发展成果。景区宣传折页通过手绘地图，以蓝色、绿色为主基调，嵌入景区景点地标，将全景区旅游线路、重点景点、各打卡点具体位置进行了标注，在展示全景区旅游资源以及精品线路的同时，也为游客提供一份吃喝玩乐购的旅游指南。

在本折页内容设置方面，"游在罗浮"为景区黄金游览区概况，如东江纵队纪念馆、冲虚古观、葛洪博物馆、朱明书院、东坡亭、登山栈道、紫云步道、玄碧湖环湖绿道、梦幻水秀等；"玩在罗浮"为紧张刺激超燃的户外游戏，如丛林玻璃漂流、丛林穿越、丛林飞车、越野乐园等；"行在罗浮"为与自然零距离接触，如罗浮山索道、游览观光车等；"罗浮奇遇"为领略别样的风采，如奇峰灵岩、百草药库、摩崖石刻、"五色"奇观；"罗浮祈福"为洞天福地；罗浮山导游图线路，主要推出了三条精品线路，分别包括 A 线旅游主线路、B 线登山线路、C 线研学线路。

此外，在罗浮山特色板块中，还精选了罗浮山研学、特色美食、特产购物、玉兰酒店四个特色予以展示。对于部分线上服务内容和新媒体传播平台、小程序也加入了二维码，更好地满足公众获知景区信息的需求。

折页有一栏为"罗浮山开启你的集章之旅"，落款为"罗浮山下四时春，不辞长作岭南人"，橙色底色黑色字体注明了集章规则、集章地点和服务电话。印章的颜色分别为红、黄、棕、蓝、绿，印章图案设计精巧，图案设计为东江纵队纪念馆、葛洪博物馆、罗浮山文创中心、白莲湖、罗浮山索道主体轮廓及标志性建筑，如东江纵队纪念馆为其主体建筑和"永远向前"的雕像，白莲湖为湖心亭和会仙桥等。

——资料来源：惠州市罗浮山管委会门户网站

（四）旅游风光画册

旅游风光画册就是将有关旅游景区的优美图片、风光照片、一些景点景观的特写、不常见的景象以及具有纪念意义、现实意义的图片，装订成册，制作成精美的画册。旅游风光画册给人的是一种美感，因此其语言文字不像旅游指南上的解说词那样突出科学性，而是比较优美、典雅，并且文字应与图片相一致。旅游风光画册不仅可以向游客展示各种景观景象，还具有珍藏和纪念意义。

| 相关链接 |

《定西文旅》画册

为进一步推进定西市文化旅游品牌宣传，定西市文体广电和旅游局策划制作《定西文旅》宣传画册（图2-9）。画册从美景之粹、人文之韵、自然之境、烟火之气四个篇章，围绕自然地理、历史人文、城市面貌、特色美食、乡村美景等多维度进行展示，以图片展现定西独特文旅之美，大力实施全域旅游战略，着力打造"三张名片"。开篇介绍了定西市的概况历史悠久、人文绚烂、风景秀丽、美食美味，地处黄土高原、青藏高原和西秦岭交会地带的定西，自古享有"药都薯乡·壮美定西"的美誉，这本《定西文旅》宣传画册充分展现了定西旅游新气象，为游客提供了一部定西旅游"红宝书"。

——资料来源：定西市文体广电和旅游局

图2-9 《定西文旅》宣传画册

（五）景区资料展示栏

景区资料展示栏是指在旅游景区内将景观的解说内容用文字的形式印刷出来。这种印刷品一般陈列在室内。有的可以贴在墙上，有的也可以陈列在室内的展台和其他的地方。这类资料可以做到图文并茂。

（六）书籍

旅游景区出版的书籍，一般都是以旅游景区和当地旅游文化作为背景，出版描述景区及当地的历史沿革、民俗文化、政治经济环境、生态环境等，同时也出版有关景区的园林知识、建筑知识、文物知识、生物知识等。旅游景区根据不同类型的旅游者编写不同类型的书籍，对于儿童游客，注重趣味性，体现生动性；对于成人游客，则注重专业性，体现知识性。

（七）刊物

刊物包括期刊和杂志，旅游景区出版的刊物是旅游景区印刷品中非常重要的一种。通过刊物对景区、景点进行解说和分析，可以让游客更深刻地了解景区的内涵，比如景区的建筑结构、地质构造、动植物种类、景观的科技含量、工艺品成分等；刊物可以很深刻地剖析景观形成的原因和历史条件、社会因素、科技成分，以及未来的发展趋势；同时也可发表以景区的某些景观为特征所做的科研论文或者景区管理建议等。

（八）报纸

旅游景区可以通过大众性报纸宣传景区的旅游形象。主要内容应包括对景区的总体介绍，介绍景区的独特景观和特殊旅游活动项目等。景区除了通过大众性的报纸宣传旅游景区提升旅游形象外，还可以编辑内部报纸发放给游客对景区进行宣传和解说。报纸上的内容应报道景区最近发生的事情、景区景点最近所做的规划和政策调整、景观最近的变化、新增的旅游景观和旅游服务设施、最近到访的游客数、到访的特殊游客（如国家和地区领导）、赛事以及举办赛事的意义等。

课堂思考

1. 景区印刷品更新的频率一般是多长时间？
2. 景区印刷品内容编写中需要注意哪些问题？

任务四　音像解说

一、音像解说的介绍

音像解说是指以文字、图片、声音、影像等为载体，将景区内的各种信息向游客进行传递的解说形式。与其他解说方式相比，音像解说的可视性和时代气息强，提供的信息量大，对游客更具吸引力。音像解说的展示方式主要有影像解说和语音解说两种。

二、音像解说的功能

（一）服务和娱乐功能

游客在旅游景区内游览，不仅希望所看到的景观赏心悦目，能够满足自己求新求奇的愿望，也希望整个游览过程能够顺利进行，能够随时获得自己想要的信息。因此，在旅游景区设置音像展示与传播系统，不仅可以向游客提供旅游信息和向导服务，而且能够让游客在游览过程中有轻松、愉悦、舒畅的心情。

（二）教育功能

音像解说系统不仅可以向游客提供旅游信息和服务，而且可以起到教育的作用。比如，在广播里播放"游客须知"的时候，就可以告知游客应该保护景区内的卫生环境和生态环境，以维护生态平衡；在对一个特殊景观进行解说时，可以告知游客景观的稀有性和独特性以及应该如何保护；同时，在对景观进行讲解时，也可以让游客深入了解，以增强这方面的知识。

（三）传承文化功能

在音像展示与传播的过程中，传播的不仅是景区特殊景观的外部特征或一些建筑的风格和样式，也传播景区所在地的历史沿革、民俗文化、节庆活动、道德规范、价值观念等。游客不仅了解景区所在地的过去、现在，还可以展望未来，从而使其积极投身于保护当地文化，并向他人传播当地文化的目的。

三、音像解说的类型

（一）影像解说

影像解说是一种信息传播行为，旨在实现旅游者、旅游景区以及旅游经营者、旅游管理者等各种媒介之间的有效沟通（图2-10）。它通过影像和文字等多种形式，向游客传达旅游景区的信息，帮助游客更好地理解和欣赏旅游资源的价值和内涵，将景区有代表性的自然风光，标志性的景观、人物传记、民俗风情、风物特产、歌曲等信息向游客进行宣传和解说。目前，旅游景区内常见的影像解说有电子滚动屏幕、多媒体放映厅、幻灯片、小程序、景区官网、公众号等。如国家公园的自然景观介绍视频，通过高清影像和生动解说，带领游客领略大自然的壮丽与神奇。

图 2-10　影像解说

（二）语音解说

语音解说指旅游景区通过背景音乐、语音提示、电子语音导览等方式，将景区内的相关信息向游客进行宣传和解说。目前，旅游景区内常见的语音解说有广播、录音解说设施、感应式电子导游等。如博物馆的文物解说音频，详细地介绍文物的历史背景、制作工艺和文化意义。

依据功能与表现形式的不同，语音解说系统可以分为智能分区讲解系统、智能无线讲解系统、自动感应式讲解系统、二维码解说系统、自动语音导览系统、智能语音导览系统、多媒体语音导览系统。这些不同类型的语音解说系统或方案根据展馆的实际情况、参观者需求以及预算等因素进行选择和使用，以满足不同的导览需求和提升参观体验。

1. 智能分区讲解系统

该系统适用于展区较多、面积大并且有接待需求的展馆。讲解员使用讲解器进行讲解，声音通过上方天花板的喇叭进行播放，参观者无须佩戴接收器进行收听。讲解员随行随讲，能做到"声随人走，人走声息"。整个过程中，上方的传声系统会根据讲解员与游客的位置变换自动更改扩音的位置。

2. 智能无线讲解系统

运用无线讲解器，讲解员通过发射机进行解说，游客需要佩戴接收器收听讲解。适合在同一个景点下，多个团队进行不同的解说，让不同的团队能同时参观，而不受其他讲解内容的影响。

3. 自动感应式讲解系统

运用 RFID 射频识别技术，在景点展品附近安装感应器。当游客佩戴耳机在参观的过程中走至感音器的触发范围，便能听到相应的讲解内容，全程无须人工操作，讲解内容自动播放。

4. 二维码解说系统

在讲解点位布置二维码标签，游客用手机扫一扫，即可展现对应的音频、视频、图片、文字等信息。其适用于需要讲解的很多场景，成本低，可操作性强。

5. 自动语音导览系统

通过预先录制的语音信息，自动向参观者介绍展品和展馆内容。参观者可以通过触发装置，如红外感应器或 RFID 标签，来触发语音信息的播放。其适用于规模较大、参观人数较多的展馆，可以节省人力成本，提高参观效率。

6. 智能语音导览系统

使用智能语音导览系统，通过语音识别和人工智能技术，实现与参观者的交互式语音导览。参观者可以通过语音指令或问答形式，获取展品和展馆的相关信息。其适用于需要更高互动性和个性化的展馆，可以提供更加智能和便捷的导览服务。

7. 多媒体语音导览系统

结合文字、图片、视频等多种媒体形式，通过触摸屏、投影仪等设备展示多媒体内容。其适用于需要展示丰富多媒体内容的展馆，如博物馆、美术馆等。

任务五　智慧旅游解说

一、智慧解说的概念

智慧旅游解说系统是利用无线网络，将景区解说融合到智慧旅游平台，游客可借助手机、平板、POS 机等移动终端设备，获取平台的线上解说、导览服务、旅游资讯以及语音问答等获取景区服务的一种解说模式。

二、智慧解说的特点

（一）个性化

景区智慧解说系统通过语音识别和人工智能技术，能够根据游客的兴趣和需求，提供个性化的导览服务。游客可以通过语音或触摸屏等方式与系统进行交互，选择自己感兴趣的景点或主题，系统会根据游客的选择，为其提供相应的解说内容和导览路线，使游客能够更加全面地了解景区的文化、历史和风景。

（二）多媒体展示

景区智慧解说系统融合了语音合成、虚拟现实和增强现实等技术，可以通过多媒体形式展示景区的特色和魅力。游客可以通过耳机或触摸屏等设备，欣赏到高质量的语音解说、音乐和声效，同时还可以通过虚拟现实技术，身临其境地感受景区的美景和历史场景，提高游览的趣味性和互动性。

（三）互动体验性

景区智慧解说系统为游客提供了丰富的互动体验。通过语音识别和对话系统，游客可以与系统进行实时交流，提出问题、寻求建议或分享旅行心得。此外，系统还可以结合游戏和互动元素，设计一些有趣味性的活动，让游客在游览的过程中充分参与进来，增加旅游的乐趣和记忆。

（四）实时性

景区智慧解说系统可以实现实时更新和分享功能，保证解说内容的及时性和准确性。景区管理者可以通过后台管理系统，对解说内容进行更新和修改，随时根据景区的变化和需求进行调整。同时，游客还可以通过系统分享自己的旅游经历和感受，与其他游客进行交流和互动，为景区的推广和口碑传播做出贡献。

三、智慧解说的类型

（一）数字导览

游客可以通过手机或平板电脑下载专门的导览应用，获得景点的详细信息、地图、导航以及多媒体内容。例如，故宫博物院的官方应用提供了丰富的数字导览服务，包括高清图片、3D 模型、VR 全景等，让游客能够更深入地了解故宫的历史和文化。如中国国家博物馆的 App，游客通过手机应用市场直接下载安装，享受中国国家博物馆专业的展览讲解服务。

（二）语音导览

游客可以在景区入口或指定地点租借语音导览设备，通过耳机收听预先录制的景点解说。这种服务通常支持多种语言，方便不同国家的游客使用。例如，巴黎卢浮宫就提供了多种语言的语音导览服务，让游客能够更好地了解展品的历史和文化背景。

（三）二维码导览

采用二维码技术，当人们在景区、展馆或博物馆等场所进行参观时，为参观者提供语音讲解的音、视频服务。参观者使用智能手机，打开二维码扫描软件，如微信中的"扫一扫"功能等，扫描展品或展位处的二维码标签，就可查看展品或展位等的详细内容，其会以图片、文字、多语种语音或视频形式展示给参观者。例如，一些博物馆和美术馆就采用了二维码导览服务，让游客能够便捷地了解展品。

（四）VR 全景导览

VR 导览，即虚拟现实导览，是借助虚拟现实（VR）技术为游客提供沉浸式体验的一种新型导览方式。通过佩戴 VR 设备，游客可以身临其境地探索虚拟环境，感受前所未有的视觉和感官体验。

（五）AR 智慧导览

故宫博物院 AR 导览项目为游客带来了全新的参观体验。游客可以通过智能设备或者 AR 眼镜，实时观看虚拟的展品、听取对应的解说，甚至可以与虚拟人物互动。AR 导览能生动形象地传递景区的历史与文化。

（六）其他智慧解说系统分享

基于北斗高精度服务开发的景区游览系统，将游客轨迹位置与景点位置融合在一起，能够实现游客游览自助式精准解说，还能够为游客推荐最优的游览线路，极大地提升了旅游体验。在山东青岛，"智慧北斗"智能导游系统为景区及游客提供"地图精确导览、景点语音讲解、实时跟踪定位"等综合旅游信息服务，让游客在森林野生动物世界景区获得优质的游览体验。贵州贵阳依托当地的大数据云平台产业，将北斗的精准位置服务与大数据结合起来，实现智能导游服务，丰富了游客的旅游体验。

| 相关链接 |

一部手机云游浦东·上海浦东 VR 全域文旅地图

2020 年 5 月 15 日，集上海中心、东方明珠、上海国际旅游度假区、临港新片区、世博园区、浦东开发陈列馆、望江驿、东岸云桥等 64 个浦东地标建筑、5 个乐游移动驿站、12 座东岸云桥和 6 条最具浦东特色的全域文旅线路组成的"一部手机云游浦东·上海浦东 VR 全域文旅地图"正式亮相。作为浦东新区"五心"文旅市场振兴重要措施之一，浦东新区文化体育和旅游局首次系统地把"有历史""有故事""有影响"和见证浦东开发开放 30 年的核心地标建筑实现"VR 全景阅读"和"VR 全域导览"，以"5G+VR 全媒体＋商旅文体地标＋浦东故事"等数字文旅云服务模式，实现浦东地标的"可看、可听、可读、可约、可游、可享"，让"阅读浦东、全域游浦东"更加"有意义、有意思、有回味"，并以更"智慧"的方式向中外游客讲好"上海故事"和"浦东故事"。VR 云游浦东是浦东"五心"文旅市场振兴计划和浦东全域旅游的重要组成部分，实现"不出家门，全域云游浦东"，并逐步从"线上全域云游"到"线下全域漫游"。这次推出的"五心地标"包括旅游景区（16 个）、文体地标（13 个）、商圈街区（7 个）、标志性建筑（18 个）、优秀历史建筑和名人故居（6 个）、历史名镇（4 个）、浦江东岸云桥（12 个）以及新设的乐游移动驿站（5 个），其中上海国际旅游度假区、临港新片区、浦江东岸等 VR 全域云游均为首次全貌式亮相。

——资料来源：浦东发布

课堂思考

1. 在智慧景区建设过程中，智慧解说系统的发展趋势是怎样的？

2. 作为景区从业人员，应当如何学习智慧解说系统的使用技巧？

任务六　导游解说

一、导游解说的内涵

讲解员也称景区导游人员，是指在旅游景区为游客提供导游讲解服务的工作人员。

二、导游解说的工作职责

（1）导游讲解：主要是在旅游景区内引导游客游览，为游客讲解与景区、景点、景观有关的知识，并解答游客提出的各种问题。

（2）安全提示：在景区内，在带领游客游览过程中，除了为游客提供导游讲解服务之外，还要随时提醒游客注意安全，并照顾游客以免发生意外伤害。

（3）宣传教育：讲解员在讲解过程中，还要结合景区、景点、景观的内容，向游客宣传环保及保护生态、文物古迹、自然文化遗产的知识等。

（4）其他：随着信息化不断发展，解说员的工作职责越来越全面。其常见的工作职责有讲解接待工作、导游解说的撰写工作、语音导览的录制工作、各类短视频或讲解的拍摄工作等。

三、导游解说的工作流程

（1）服务准备。讲解员要认真阅读旅游计划书，了解游客的人数、来源地、身份、职业、平均学历等，并且根据游客的特征，准备好合适的导游词并采取适宜的讲解方式；熟悉景区景点的管理细则，以及掌握环保知识、生态知识和安全知识等；准备好讲解过程中所需的导游器材，如扩音器、导游旗等，携带好导游图、纪念品以及相关资料等。

（2）接待服务。景区导游接待服务包括致欢迎词、导游讲解、安排食宿和提供购物服务等。首先讲解员要对游客的光临表示欢迎，然后向游客自我介绍并且向游客讲明旅游安排，最后表达自己的愿望，希望游客能配合自己的工作并玩得开心。导游讲解包括三个部分的内容。一是对景区的初步介绍，包括地理位置、历史背景、规模布局、文化价值，以及景区的有关规定和注意事项。二是分段讲解。针对游客的特征以及他们的兴趣爱好，对景观进行认真细致的剖析。如景观的外部特征、历史文化价值、建筑风格以及与之有关的典故等。在讲解过程中要耐心回答游客提出的各种问题，让游客满意。三是要对游客细致讲解景区景点相关知识，包括环境保护知识、历史文化知识、生态知识等，并且随时提醒游客注意安全。

有的景区比较大，当天无法参观完，这样的景区一般都配有餐饮和住宿设施。讲解员要按照游客和旅行社签订的合同标准安排游客的食宿，如不能达到合同标准的要说明情况。讲解员也要如实地向游客介绍旅游纪念品和旅游地的特产等，不得强制游客购物或者欺诈游客，并且要制止不法人员尾随兜售。

（3）欢送服务。讲解员要向游客致欢送词，内容包括感谢游客的积极配合，并向游客表示祝愿，希望他们能提出宝贵的意见和建议，也希望他们下次再来，最后赠送小纪念品或者是相关的旅游资料等。

课堂思考

1. 你想成为一名景区讲解员吗？你熟悉景区讲解员的工作吗？

2. 你认为一名讲解员应当具备哪些核心的能力？

复习与思考

一、选择题

解说系统的类型有（　　　）。

A. 自导式解说系统　　　B. 向导式解说系统　　　C. 人员解说　　　D. 智慧旅游解说

二、简答题

1. 解说系统的分类有哪些？

2. 智慧旅游解说系统的特点有哪些？

三、能力训练

1. 查阅资料，说说智慧旅游背景下解说系统的发展趋势。

2. 运用图文并茂的方式，收集整理典型的解说系统的案例。

模块二

技能篇

项目三　解说系统总体设计

◆学习目标

素质目标

1. 培养学生良好的服务意识、人文素养和信息素养。

2. 通过项目任务提高学生团结协作能力。

知识目标

1. 了解解说系统设计的流程。

2. 熟悉解说内容设计的要求与规范。

3. 掌握人员解说的技巧。

4. 熟悉解说系统的使用与维护的要求。

能力目标

1. 能辅助开展旅游解说系统的设计。

2. 能协助完成解说系统内容的编写。

3. 能运用解说的技巧，开展旅游景区解说服务。

4. 能熟练地操作旅游解说系统，并进行维护更新。

◆知识准备

　　旅游解说系统在旅游景区中扮演着至关重要的角色，它不仅是教育、服务和使用功能的基础，而且对于丰富游客体验、传播知识和保护环境具有核心作用。旅游解说系统通过提供详细的信息和完备的导向服务，帮助游客更好地了解景区的资源和内涵，从而提升游客的旅游体验。激发游客保护旅游资源和设施的愿望，增强游客的环境保护意识，促进景区的可持续发展。

一、解说系统设计的内涵与内容

解说系统设计的内容广泛，包括解说内容设计、解说方式设计、解说系统技术支持、解说系统管理与维护。

（一）解说内容设计

解说内容的设计通常包括基本信息、景点介绍、科学文化知识、教育知识四个方面。其中，基本信息包括景区的地理位置、历史背景、景点分布、交通方式等，帮助游客获得景区的初步了解。景点介绍包括对每个景点进行详细的介绍，如景点的特色、历史、文化背景等，让游客能够深入了解每个景点的独特之处。科学文化知识是对景区内的生态系统、地质地貌等科学现象进行解释，提高游客对自然环境的认识和欣赏能力。教育信息是通过解说系统向游客传递环保、生态旅游等理念，培养游客的环保意识和责任感。

（二）解说方式设计

1. 向导式解说

由专业导游人员带领游客进行解说，提供个性化服务。导游人员应具备丰富的专业知识和良好的沟通能力，能够根据游客的需求和兴趣调整解说内容。

2. 自导式解说

通过书面材料、语音导览、触摸屏查询等方式向游客提供解说服务。这些方式应方便游客自主选择和使用，同时提供多种语言选项以满足不同游客的需求。

（三）解说系统技术支持

（1）定位技术：利用 GPS、Beacon 等定位技术，为游客提供精确的位置信息，并根据位置信息提供个性化的解说服务。

（2）语音识别与合成技术：通过语音识别技术将游客的语音指令转化为文字，再通过语音合成技术将文字转化为语音进行回答，提高解说系统的互动性和便捷性。

（3）多媒体技术：利用图片、视频、音频等多媒体手段丰富解说内容，提高游客的观赏体验。

（四）解说系统管理与维护

解说系统的科学维护与管理主要体现在对内容、设备、软件的维护与管理等方面。如定期对解说内容进行更新和维护，确保信息的准确性和时效性；定期对解说设施和设备进行定期检查和维修，确保解说设备的正常运行和游客的使用安全；加强管理与使用人员的学习培训，掌握应用与维护的技巧。

二、解说系统设计的原则

（一）教育性原则

解说系统应向游客提供准确、丰富的知识和信息，包括自然、历史、文化、科学等方面的内容。通过解说，游客可以增加对旅游目的地的了解，拓宽知识面。解说内容应具有启发性，能够激发游客的学习兴趣和思考能力。考虑到不同游客的年龄、文化背景、知识水平等差异，解说系统应提供多样化的解说内容和形式。

（二）趣味性原则

解说内容应避免枯燥乏味的陈述，采用生动、形象、富有感染力的表达方式。可以运用故事、传说等形式或比喻、拟人等修辞手法，使解说更加生动有趣，吸引游客的注意力。结合多种解说形式，如文字、图片、音频、视频、互动展示等，提升解说的趣味性和吸引力。不同的解说形式可以相互补充，为游客提供更加丰富的体验。设置互动环节，如问答、游戏、模拟体验等，让游客参与其中，增强他们的参与感。互动体验可以使游客更加深入地了解解说内容，同时也增加了游览的乐趣。

（三）准确性原则

解说系统提供的信息应基于科学研究和可靠的资料来源，确保内容的准确性和权威性。避免传播错误信息或误导游客。解说内容应表达清晰、简洁明了，避免使用过于专业或生僻的词汇。同时，要注意语法和拼写正确，确保解说的质量。随着时间的推移和科学研究的进展，解说内容可能需要更新和完善。解说系统应定期进行检查和维护，及时更新信息，确保其准确性和时效性。

（四）系统性原则

解说系统应进行整体规划和设计，对旅游目的地的特点、游客需求、解说资源等因素进行综合考虑，确定解说主题、内容、形式和布局，使解说系统具有系统性和连贯性。解说内容应具有层次分明的结构，从整体到局部、从宏观到微观，逐步深入地介绍旅游目的地的各个方面。解说系统应采用统一的设计风格和标准，包括标识、字体、颜色、排版等方面。这样可以使解说系统具有整体感和协调性，提高游客的识别度和认知度。

（五）人性化原则

解说系统的设计应考虑游客的使用便利性，如标识牌的位置应明显、易于识别，解说设备的操作应简单易懂。同时，要提供足够的休息设施和服务设施，方便游客在游览过程中休息和补充能量。关注游客的需求和感受，根据游客的反馈意见及时调整和改进解说系统。例如，增加游客感兴趣的解说内容、改善解说设备的性能、提高服务质量等。在解说系统中应设置安全提示和警示标识，提醒游客注意安全。同时，要确保解说设施的安全性，避免对游客造成伤害。

三、解说系统设计的流程

（一）调研

1. 景区需求调研

根据景区类型、功能和特色的不同，对景区环境解说、吸引物解说、设施解说和管理解说四个子系统应实现的功能、要反映的内容、需达到的要求进行确定。结合景区实际，指出每个子系统的重点和各子系统之间的关系，使该景区的整个旅游解说系统形成一个有机整体，各子系统之间能相互作用、互为补充。

2. 游客需求调研

了解当前旅游市场的趋势和游客的需求，包括游客对景区导览系统的期望功能、使用习惯等。同时，明确系统的核心功能，如信息展示、地图导航、语音讲解、实时资讯推送、智能推荐等。

3. 解说对象分析

对解说对象开展全面的分析，包括自然景观（如山脉、河流、森林等）、文化遗迹（古建筑、古遗址等）、展品（历史、特点、文化）等。确定其独特价值、特色和重要性。分析解说资源的类型、分布、数量等，为解说系统的整体规划提供基础。

（二）规划

依据前期调研，从解说目标、主题、内容、媒介、线路等方面，开展整体规划设计。

1. 制定解说目标

根据资源特点和受众需求，明确解说系统的总体目标，如提高受众对资源的理解和欣赏、增强环保意识、传承文化等；制定具体的子目标，如增加知识、激发兴趣、引导行为等。

2. 选择解说主题

从资源中提炼出几个核心主题，围绕主题进行解说内容的组织和设计。主题应具有吸引力、独特性和连贯性，能够贯穿整个解说系统。

3. 设计解说内容

根据解说主题，收集、整理和编写详细的解说内容，包括文字、图片、图表等。内容要准确、生动、易懂，避免过于专业和枯燥的表述，可以结合故事、传说、历史事件等，增加趣味性和感染力。

4. 确定解说媒介

选择适合的解说媒介，如标识牌、导游图、语音导览、多媒体展示等。考虑不同媒介的特点和优势，进行合理组合，以满足不同受众的需求。例如，标识牌适合提供简洁的信息，语音导览可以提供更详细的讲解，多媒体展示则可以呈现更生动的图像和视频。

5. 规划解说线路

根据资源分布和解说主题，设计合理的解说线路，引导受众有序参观。线路应考虑受众的体力和时间限制，避免过长或过于复杂，可以设置不同的参观线路，满足不同受众的需求。

（三）设计

依据景区解说系统的总体规划，对每个解说系统进行设计，包括解说内容的设计和解说媒介的设计等。

解说内容的设计包含景区环境解说、吸引物解说、设施解说和管理解说四个子系统要反映的主要信息，要突出重点。以景区吸引物解说为例，应该在对景区吸引物进行全面、深入调查和研究的基础上，对所有吸引物的解说内容进行创作。解说内容要求语言科学、准确、生动，有一定的文学色彩，反映的信息应是最新、最准的。解说方式与解说深度要充分考虑到游客的需求。

解说媒介的设计要考虑到规范化、系统化、人性化、环境美学原则。首先，规范化原则要求解说媒介的设计应符合国家标准和国际规范，文字和图示应简洁明了，指示信息准确无误。其次，系统化原则强调解说媒介的分区和分类，确保信息引导功能完备。通过统一规格、材质和风格，便于游客形成连续的思维习惯，引导他们完成旅游活动。再次，人性化原则要求解说媒介的设计应从游客的视角出发，考虑各个子系统的定位和设计，确保内容易于识别，提升游客的体验。最后，环境美学原则注重解说媒介与景区环境的和谐统一，设计应符合景区的文化特征，具备新颖性和创意性，加深游客对景区的印象。

（四）安装与测试

将制作好的解说材料安装在相应的位置，如标识牌安装在景点周围、语音导览设备放置在游客中心等，进行调试和测试，确保解说系统的正常运行和稳定性，对出现的问题及时进行调整和修复；同时对导游、讲解员、景区工作人员等相关人员进行培训，使其熟悉解说系统的内容和使用方法。提高他们的讲解技巧和服务水平，确保为受众提供优质的解说服务。

（五）评估改进

1.定期评估

定期对解说系统进行评估，收集受众的反馈意见，如满意度调查、意见箱等。分析评估结果，了解解说系统的效果和存在的问题。查看解说系统的使用情况，保证游客使用时候的顺畅度，提高旅游服务质量。

2.改进优化

根据评估结果，对解说系统进行改进和优化，如更新解说内容、调整解说线路、改进解说媒介、优化解说软件等。

项目四 标识牌解说系统设计

◆ **知识准备**

标识牌是展示旅游目的地、旅游景区的旅游形象，保障游客安全顺利地完成旅游活动的重要工具，引导游客欣赏旅游景区独具特色的自然景观并了解其人文历史，认识景区、了解景区，提高了景区的管理效率。

—————— 任务一 标识牌设计的原则与布局 ——————

任务布置

请以重庆市黔江区濯水古镇 5A 级旅游景区为例，分组收集整理该景区标识牌的数量、类型、分布、材料及其标识牌的内容，讨论分析景区标识牌设计的内容与设计的方法。

任务要求

1. 请同学们通过网络调研、走访，完成本次学习任务。

2. 内容要求图文并茂。

一、标识牌设计

标识牌设计包括内容设计、图示设计和外观造型设计三方面，使其能够便利准确地向游客传递旅游信息，增加游客对旅游景区的兴趣，帮助游客更好地了解景区的自然风光、历史文化和旅游资源。没有经过系统设计的标识牌不仅难以起到传递信息和管理景区的作用，还可能会破坏景区的形象，影响游客的游览过程和愉悦心情。

二、标识牌设计的原则

（一）规范性

1. 内容规范

标识牌上的文字和图示都要采用规范方式表达，做到简洁醒目。指示的文字不宜过长，语义和含义应清楚准确，不能模棱两可，不易引起歧义和混乱。图示要简洁明了，指示信息必须准确无误、清晰。公共场所应当设置符合国家标准的公共信息图形符号。旅游景区要采用双语标识，文字应一律采用中英文对照。在进行英文翻译时，要认真负责地核对标识牌上各种文字和译意是否准确、恰当，语法是否正确，以免让外国游客不明其义或产生误会。

2. 图形符号使用规范

景区道路交通标志、安全标志等通用符号的文字、图形、颜色应当按照国家规定的统一标准进行设计和制作。景区旅游设施与服务指示标志设置应遵照《公共信息图形符号第1部分：通用符号》（GB/T 10001.1—2023）中对图例、样式和颜色的相关规定。

│ 相关链接 │

《公共信息图形符号》标准文件的修订

1983年我国制定了首个公共信息图形符号国家标准GB 3818—1983《公共信息图形符号》，当时仅规定了电话、出租车、卫生间、公共汽车、等候室等15个常用的图形符号；2000年对GB 10001进行了第二次修订，将GB/T 10001分为：第1部分：通用符号、第2部分：旅游设施与服务符号、第3部分：客运与货运符号、第4部分：体育运动符号。2006年对GB/T 10001国家标准进行了第三次修订，这次修订完成了GB/T 10001.1—2006《标志用公共信息图形符号 第1部分：通用符号》和GB/T 10001.2—2006《标志用公共信息图形符号 第2部分：旅游休闲符号》两项国家标准的修订工作，并同期制定了两项新的国家标准GB/T 10001.5—2006《标志用公共信息图形符号 第5部分：购物符号》和GB/T 10001.6—2006《标志用公共信息图形符号 第6部分：医疗保健符号》。2019年启动了GB/T 10001《公共信息图形符号》的第四次修订工作，修订完成了GB/T 10001.2—2021《公共信

息图形符号　第 2 部分：旅游休闲符号》、GB/T 10001.3—2021《公共信息图形符
号　第 3 部分：客运货运符号》、GB/T 10001.4—2021《公共信息图形符号　第 4 部
分：运动健身符号》、GB/T 10001.5—2021《公共信息图形符号　第 5 部分：购物符
号》、GB/T 10001.6—2021《公共信息图形符号　第 6 部分：医疗保健符号》和 GB/
T 10001.9—2021《公共信息图形符号　第 9 部分：无障碍设施符号》，并制定完成
了 GB/T 10001.7—2021《公共信息图形符号　第 7 部分：办公教学符号》。至此，我
国公共信息图形符号达到 522 个。2023 年再次修订公共信息图形符号。国家市场监
督管理总局（国家标准化管理委员会）在 2023 年 9 月 7 日发布了《公共信息图形符
号　第 1 部分：通用符号》，该标准于 2024 年 1 月 1 日开始实施。

——资料来源：国家标准化管理委员会官网

3. 设置规范

标识牌的设置要充分考虑游客的游览线路和视线习惯。一般来说，标识牌应该
设置在游客容易发现、便于阅读的位置，如道路交叉口、景点入口处、楼梯转角等。
同时，标识牌的高度和角度也应该适应游客的视线习惯，如悬挂在适当的高度、面
向游客的角度等。

（二）协调性

景区标识牌在设计的过程中务必统一规划，充分考虑与环境的协调性、景区风
格的协调性等，符合景区的主题和风格。不同的景区有不同的特色和主题，标识牌
设计应该与景区的风格相协调，突出景区的特色。比如，历史古迹景区的标识牌应
该古色古香，与古建筑风格相融合；自然风景区的标识牌则应该采用环保、自然的
材质和颜色，与自然环境相融合。因此，标识牌设计的颜色、样式、材料等一定要
和景区、环境、景区风格相协调。

（三）简洁性

标识牌设计应简洁明了。游客在游览景区时需要快速获取信息，因此标识牌的
设计应该简洁明了，易于理解和识别。避免使用过于复杂或抽象的图案和文字，尽
可能选择简单、大方的设计风格。

（四）文化性

标识牌设计应具有文化内涵。旅游景区是文化的载体，标识牌设计也应该具备文化内涵。通过文字、图案、色彩等元素，将景区的文化内涵传递给游客，使游客在获取信息的同时，也能感受到景区所蕴含的文化底蕴。

三、标识牌的布局

（一）标识牌数量适当

标识牌的数量要适当。在保证各种类型标识牌无缺漏的前提下，不能使景区景点被过多的标识牌占据而阻挡了景观的显现，从而失去美感，破坏了景区的游览氛围。在做到推陈出新、形式新颖的同时，标识牌的布局也要把握好"活而不乱"。

（二）标识牌选址恰当

根据不同的环境特点，各类标识牌的布置应顺应自然，注重标识牌的美观性，与自然环境和谐相融，不妨碍游客观赏景物，不遮挡景观，避免喧宾夺主。

（三）标识牌的空间分布

1. 景区出入口

景区出入口通常设置全景指示图、景区导游全景图、风光图、游客须知等标识牌。

全景指示图提供游览线路安排建议，一般设置于客流聚集处、旅游信息服务中心、停车场及主要景区入口或内侧开阔处，内容包括该处的平面图与概要的文字介绍。景区导游全景图设置于景区大门外侧售票处附近显要位置，可与景区简介、景区游客须知牌并排摆放。内容包括景区总平面布局图、游览道路和服务设施分布（如游览车换乘地、商亭、餐厅、公厕等）以及内部主要景点的文字、图片介绍。游客须知等在售票处明显位置应悬挂票价表、购票须知、营业时间、项目介绍和游览须知等服务指南。一些重要提示如"禁止烟火"的标识应醒目地安放在景区入口，强化游客的防火意识和环境保护意识。

2. 景区道路沿线

在景区内部的公路和游道沿线游客便于停留的地方如观景台、观景点，要设立环境解说牌，让游客在休憩的同时获得信息；景区景点内各主要通道、岔路口应在适当的位置设置引导标牌和各类交通标识牌；根据需要设置友情提示牌，如提示游客所处位置的负氧离子浓度，提醒游客勿喧哗和勿乱扔垃圾等；在游道沿线还可以设置安全标识牌。

3. 景点内部

景点内标识牌的分布在不同的地方各不相同，不同内容的标识牌在不同地方的聚集程度也有所不同。景观名牌聚集在景观分布密集处，功能提示牌出现在景点的出入口处，导示牌出现在景点的入口处、出口处、步游道转弯处和岔路口处，为游客指引游览线路。安全提示牌、公益提示牌、友情提示牌等根据景点具体情况进行布局。

课堂思考

1. 设计景区标识牌时，应遵循哪些基本原则？

2. 谈一谈标识牌一般设置在哪些位置，其主要的作用有哪些。

任务二　标识牌内容设计

任务布置

请以我们的校园为例，结合校园的规模与特色，开展校园标识牌的设计。围绕标识牌的数量、分布、内容、材料等，完成本次标识牌设计的任务。

任务要求

1. 本次任务以小组的方式完成。

2. 标识牌内容与图标的设计务必遵循国家标准 GB/T 10001.1—2023《公共信息图形符号　第 1 部分：通用符号》。

| 相关链接 |

桂林旅游标识系统

在全国旅游公共服务工作推进会上，颁发了"2023 全国旅游公共服务十佳案例"证书，来自桂林的旅游公共服务案例——《旅游标识成为桂林旅游新"风景"》，成为全国"十佳"案例之一。标识作为一种特定的视觉符号，是城市形象、特征、文化的综合体现。作为世界著名的山水旅游名城，桂林市把建设旅游中英文标识系统作为推动旅游公共服务高质量发展的具体举措。全市目前已完善、新增标识指引和导视系统 320 处，进一步提升了标识标牌国际化、规范化水平，满足广大游客多样化、个性化、品质化的旅游需求。

桂林旅游标识系统拥有区位标识牌、导览图、导视图、导视立柱 4 种展示形式，全方位多层次地对桂林的各类旅游资源进行高效导视。区位标识牌在车辆行人即将到达旅游目的地的道路明确导示进入方向；导览图展示游客所在区域美食、住宿、游览、休闲、娱乐及公厕、银行、加油站、医院等公共服务点的分布，方便游客规划行程；导视立柱搭配导视图清晰地指明步行 15 分钟内可到达的餐饮、住宿、游玩地等的方向和距离，为游客带来极大便利。

系统通过对每个区域的文化特色进行符号化、图形化提炼，将文化元素与标识系统的整体风格进行有机结合。如对于资江丹霞之旅精品线路的标识系统设计，提炼了"丹霞地貌""资江风光""河灯节"三大要素；对于灵渠古道之旅线路的标识系统设计，则是将"秦始皇""灵渠""兴安秦皇宫""海洋银杏"四大要素意象化、形象化，通过图案、实物、雕刻等形式呈现。

旅游中英文标识系统计划覆盖全市 10 县 1 市 6 城区的旅游道路、4A 级及以上级别旅游景区进入道路、游客集散地、文化旅游公共场所以及全域旅游 8 条精品线路沿线等重要交通节点，全市目前已完善、新增标识指引和导视系统 320 处。

——资料来源：桂林市文化广电和旅游局门户网站

一、景区介绍牌

游客进入景区前通常会在景区入口附近短暂停留，一是购置必要的旅游用品、购买门票、拍照留影等，二是了解有关景区游览及各项服务的信息。每个景区都会在入口处选择适当的地点安排景区介绍牌（图4-1），重点对景区的旅游资源、旅游服务、注意事项等相关信息进行说明，以便游客在进入景区前对景区能有比较全面的认识，合理安排自己的旅游活动。

图4-1 景区介绍牌

二、景点名牌及介绍牌

游客在进入景点游览前常常需要了解该景点的具体信息，这就需要在景点入口设置景点名牌和景点介绍牌。景点名牌的内容构成比较简单，一般是景点的中英文名称，一般应标注海拔信息。景点介绍牌的内容构成主要有景点的中英文介绍、导览图与游客须知等。

三、景观名牌

景观名牌（图4-2）的内容比较简单，主要是景观的中英文名称。若是单体特色动植物除了中英文名字、拉丁文名字外还应该有它们的科、属、种等信息。

图4-2 景观名牌

四、旅游交通设施解说牌

对于自驾车旅游者来说，旅游目的地一般都是比较陌生的地方，如何准确、快捷、安全地找到景区是他们面临的首要问题。这些问题的解决依赖旅游交通设施解说牌。交通设施解说牌（图 4-3）的内容：第一是国际通用图标，主要是一些国家规定的标准图标，如限速、限重、左弯等。第二是方向指示，常常用箭头或者线路示意图加小箭头来表示。第三是地名，下一个将要经过的地点或景点，通常要有中英文名称。第四是距离数，标注到下一个景点的距离数。

图 4-3　旅游交通设施解说牌

五、配套设施解说牌

游客在景区游玩的同时一般都有餐饮、住宿、购买纪念品等需求，为了使游客方便、快捷地找到这些设施，景区都会设置一些配套设施标识牌（图 4-4），如餐馆、咖啡厅、商店等。

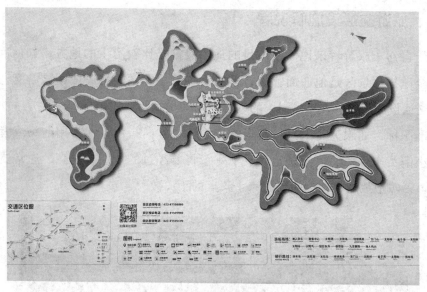

图 4-4　配套设施标识牌

六、环境解说牌

游客除了游览风景优美的景点外，还会青睐有特殊意义或者文化内涵较深的环境。景区通常会在这些地方设置解说牌，其内容一般主要从科学的角度对环境的成因或者文化内涵进行描述，主要从文学的角度对风景进行描述。

七、功能提示牌

在服务区或者服务点等游客就餐、短暂休息的地方的入口一般会安放一个多功能指示牌，让游客轻松找到相应的位置。这种功能指示牌的内容构成为国际通用的图标，如餐厅、厕所等，以箭头进行简单的方向示意，部分标识牌上的图标需要注上中英文名称。

八、导示牌

每个景区都可能会有一条或者多条主游览轴线，同时还会有多条游览环线，在这些环线上常常有一些很有特色的景观。为科学引导游客，景区管理部门会在主次游览环线的交叉处设置各种导示标识牌。这些导示牌的内容主要包括图件和图标。

图件主要是通过测量后绘制，如环线图、位置示意图等。图标是景区级别的荣誉图标，用来强化景区形象。

九、友情提示牌

现代景区比较注重人文关怀，在一些有特殊意义的地方会放置一些友情提示牌，营造良好的旅游氛围。这些标识牌的内容构成为中文提示标语，主要是一些温馨的提示语，如"天然氧吧"等或英文提示标语，中文提示语的翻译等（图4-5）。

图4-5 友情提示牌

十、安全管理标识牌

景区安全管理标识牌是景区最常见的一种标识牌，它的内容构成比较简单，通常包括国家规定的图标，主要是一些国家规定的图形，如"严禁烟火"等。除了国家规定的图标外，部分无相应图标的需要用中英文文字加以说明，如"小心碰头"等（图4-6）。

图4-6 安全管理标识牌

任务三 标识牌材料的选择

任务布置

请同学们分别收集自然类景区与人文类景区的标识牌，对比不同类型景区的标识牌选材上的差异。

任务要求

1. 选取 2 个景区完成本次任务。

2. 图文并茂。

3. 以 PPT 的形式进行现场汇报。

4. 总结标识牌材料选取应遵循的基本原则。

一、标识牌材料的分类与特点

标识牌的制作材料主要包括天然石材、天然木材、仿大理石、仿木、铜板、铝板、不锈钢、钛金、亚克力、塑胶、玻璃等。这些常用标识牌材料可以分为天然材料和人工材料两大类。

（一）天然材料

1. 木质材料

木质材料作为标识牌在我国具有悠久的历史，因其取材方便、便于加工，广泛应用于社会生活的诸多方面。木质标识牌现在主要应用于公园、园林、动物园、郊野景区（包括森林公园、度假村等），给人以亲近自然、回归传统的感觉。常见的木质材料包括胡桃木、紫檀木等。木质材料的优点是取材方便、易于加工，但缺点是容易受自然因素影响，如腐蚀和变形，因此需要定期维护。

2. 石材

石材作为标识牌表现力强，风格新颖，环保生态，给人亲切自然的感受，具有其他标识牌不可替代的作用。常见的石材有青石、花岗石、大理石等，因其独特的肌理效果和悠久的历史，常用于制作具有文化气息的标识牌。

石材的优点是耐候性强、使用寿命长，但缺点是重量大，安装和维护较为困难。

3. 竹材

竹材是一种环保、自然的材料，常用于营造清新、自然的氛围。竹材具有取材方便、便于加工的特点，废弃后能够自然降解，不会对环境造成污染。竹材标识牌能够给人清新自然的视觉感受，适合用于各种户外环境，尤其是自然风景。

竹材的优点是朴素无华的本质，很容易与自然环境协调。竹材的纹理和颜色能够很好地融入自然景观，给人一种返璞归真的感觉。此外，竹材的耐用性和稳定性也较好，能够抵御各种气候条件的侵蚀，使用寿命较长。由于竹材是天然材料，容易受潮和虫蛀，尤其是在户外环境中，保养和维护较为困难。此外，竹材的加工和运输相对不便，尤其是在地势险峻的景区，处理起来更加困难。

4. 其他天然材料

除了以上几种材料以外，有些景点为了突出个性和地方特色，采用藤材作为标识材料，藤材的选择以粗长、匀称而无杂色为优，这样的藤材韧性大、抗压力强、不易折断。

（二）人工材料

随着科学技术的不断进步，人工材料种类也越来越丰富，新的人工材料不断被推出来，应用于社会生活的方方面面，在标识牌领域人工材料的运用也已经非常广泛。人工材料作为标识牌的优势在于可以随意加工，规模化生产，并且具有不同于天然材料的时尚高雅风格。人工材料的种类主要有以下几种。

1. 金属材料

金属材料在现代标识中的应用十分广泛，有铜板、不锈钢板、冷板、钛金板、铝合金板等。用这些材料制成的标识牌重量轻，便于运输、安装，维护起来也比较方便；同时，可以根据需求制作成满足不同需要的各种各样的标识牌，图文并茂，表现力好。

2. 化学材料

常见的有亚克力板、玻璃钢、铝塑板、PVC 板、阳光板、弗龙板、水晶板、普通塑料标牌等，这类材料的特点是造型多样、时尚。由于化学材料种类多，性能各异，选用时要详细了解不同化学材料的特点。如亚克力是用丙烯酸酯材料制成，具有一定的表面硬度和光泽，一定的透明度，透光率达 92%，色彩丰富，视觉效果比较好，被称为"塑胶水晶"，加工方便，制作的标牌晶莹剔透、轻质强韧。

二、标识牌材料选取的原则

（一）安全性原则

标识牌的材料应具备足够的安全性，特别是在户外环境中，要考虑到材料的重量和房屋建筑的承载能力，避免使用易碎或锐利的材料，以保障游客的安全。

（二）环境适应性

标识牌的材料应能适应不同的自然环境，包括气候条件、地形地貌等。例如，在开放式的旅游环境中，应选择经久耐用的材料以抵抗游客的非理性行为和使用损耗。

（三）美观性原则

材料的选择应考虑到美观性，与景区环境和设计风格相匹配。例如，木材和石材可以提供自然、环保的视觉效果，而金属材料则可以提供现代感和耐用性。

（四）耐用性原则

由于景区标识牌通常位于户外，需要经受风吹雨打，因此材料应具有较长的使用寿命，能够抵抗自然环境的侵蚀。

（五）环保性原则

在材料选择上，应优先考虑可回收或可降解的材料，以减少对环境的影响。例如，木材作为一种天然材料，废弃后可以自然降解，而金属材料则需要通过回收再利用来减少环境负担。

课堂思考

1. 选择一个景区，调研该景区牌示解说系统的现状。

2. 谈一谈见过的最具特色的标识牌。

项目五　二维码解说系统设计

◆知识准备

　　二维码作为一种经济、实用的自动识别技术，具有输入速度快、可靠性高、采集信息量大、灵活实用、自由度高、设备结构简单、成本低等优点。它能够存储数字、文字、图像、音视频等信息，并且具有保密防伪性。二维码在旅游行业中的应用非常广泛，主要包括提供即时信息、提高互动性、扩大营销范围、提供活动信息和提高活动参与度等方面。

　　首先，二维码可以提供即时信息。通过扫描二维码，游客可以快速获取有关景点的历史、活动和可用设施等信息，帮助游客充分利用时间和资源，确保他们对景点有更深入的了解。其次，二维码还可以提供景点讲解，包括语音讲解、图文解说和视频讲解，覆盖大小景点，为游客提供全方位的导览服务。

任务一　认识二维码解说

任务布置

　　请同学们选择某一个景区的二维码，扫码聆听景点讲解，围绕解说的时长、内容、外观、分布等，总结二维码解说的特点。

任务要求

1. 完成任务的过程中可以采用网上调研或现场调研的方式。
2. 认真总结二维码解说的特点。

一、内涵

二维码解说是指采用图像识别原理将解说信息包括图片、文字、语音、视频等通过信息技术集成到一个二维码中，通过二维码传递给解说受众（旅游者）的一种新型解说方式。二维码不仅能够搭载声音、文字、图像等各种信息，还能够将复杂的内容通过编辑后多元化地呈现给游客，同时不受时间、地点的限制，游客使用起来非常便利。

景区中二维码解说（图5-1）指的是景区中以传递各种旅游信息（游览线路、景点分布、景点信息、保护信息、注意事项等）为目的，

图5-1　二维码解说

以旅游者为受众，以二维码为传递媒介进行的旅游解说，旅游者通过智能终端对二维码进行扫描就可以获取解说信息。

二、二维码解说的优点

（一）内容丰富、形式多样

二维码解说作为一种新型解说媒介，与其他传统的解说媒介如导游、解说牌、宣传折页等不同，其解说内容与呈现方式更为丰富多样。二维码解说依托信息技术，可以搭载景点介绍、文物展品介绍、游览线路、安全注意事项等景点的所有解说信息，并以文字、图片、语音、视频等多种形式呈现出来，用形象生动的方式吸引游客的兴趣（图5-2）。

（二）使用方便

传统的不可携带的解说媒介需要游客在景

图5-2　二维码解说内容

区内使用，如解说牌、解说员、多媒体展示中心、语音讲解器等，这些解说媒介和设施一般都设置在景区中的特定位置。游客在景区游览期间，需要浏览大量解说信息，且行程结束后便无法使用。而二维码解说媒介将丰富的解说信息集成到二维码中，旅游者扫描关注解说平台后，任何时间、任何地点，游客均可以使用自己的移动智能终端对景区的解说信息进行查看，景区解说信息更新后也可以第一时间推送给旅游者，达到加深旅游者印象的效果，使用也更加便利。

（三）成本低

传统的解说媒介包括导游、解说牌、宣传折页、自助讲解器等都需要较高的成本，如导游员，有免费导游也有收费导游，免费导游虽然对于旅游者来说是不收费的，但是景区需要给导游支付劳务费，也是一笔较大的成本。解说牌和宣传折页需要不定期更新，租借自助讲解器需要交纳租借费。而二维码和其他解说媒介相比占用空间较小，制作简单、印刷方便，制作成本和运营成本都相对较低。

（四）低碳环保

制作传统的印刷解说媒介如解说牌和宣传折页等都需要耗费大量的纸张、木材等材料，而且这些解说媒介的可重复利用率都相对较低，一旦景区的解说内容需要更新，这些解说媒介都需要重新制作，必将耗费较大的人力、物力、财力，使用完后被随手丢弃最终还会造成环境污染的后果。

二维码解说媒介以移动互联网为通道，以移动智能终端为平台，可以实现解说信息的实时更新与维护，游客只需点击自己的手机即可获取解说信息，不需要时退出解说频道即可，解说信息需要更新与维护时，工作人员只需在后台统一操作即可，并不会产生损耗和污染环境的现象，因此二维码解说媒介和传统解说媒介相比更加低碳环保。

综上，二维码解说完善了景区解说系统，同时在一定程度上也加快了景区智慧化建设的进程。在"互联网+"的时代背景下，移动智能终端不断普及，二维码在生活中随处可见，使用二维码解说可以加深游客对景区的印象，提升景区的服务质量，推动景区智慧化建设工作。

三、二维码解说系统的构成

（一）二维码标识

在旅游景点的各个关键位置，如景点入口、重要景观旁、博物馆展品旁等设置醒目的二维码标识。这些二维码通常设计简洁，易于识别和扫描。二维码可以采用不同的形状、颜色和材质制作，以与景点的环境相融合，同时也能吸引游客的注意。

（二）解说内容数据库

其包含丰富的音频、视频、文字和图片等多种形式的解说内容。这些内容由专业的导游、历史学家、文化学者等录制和撰写，确保解说的准确性和权威性。数据库根据不同的景点进行分类管理，方便游客快速找到所需的解说内容。

（三）扫描设备

游客使用自己的智能手机或平板电脑等移动设备扫描二维码。这些设备通常都具备摄像头和二维码扫描软件，方便快捷。一些旅游景点也可能提供专门的扫描设备租赁服务，以满足没有携带移动设备的游客的需求。

任务二　二维码解说设计

任务布置

请以我们的校园为例，选取特色的建筑、植被、文化等，设计校园二维码解说系统。

任务要求

1. 每个点位的解说时长控制在 2 ~ 3 分钟。

2. 解说内容与信息务必保证准确性与科学性。

3. 有利于校园文化的传递。

一、二维码解说系统的设计

二维码解说系统主要包括面对游客的展示系统与后端设计管理系统两部分。

（一）展示系统

二维码展示系统主要用于游客使用，因此解说页面的设计应当简洁美观，易于操作，适应不同手机屏幕尺寸，切忌操作流程过于复杂烦琐。页面内容应当包含景点图片、文字介绍、音频解说、视频展示等多种形式的内容，满足不同游客的需求（图5-3）。解说语种应当多样化，方便国内外游客使用。

（二）后端管理系统

后端管理系统主要包括内容管理模块、二维码管理模块、用户管理模块、系统设置模块等，主要用于景区工作人员维护与管理时使用。

图5-3 二维码操作界面

内容管理模块用于景区工作人员编辑、上传和管理景点解说内容，包括文字、图片、音频、视频等。管理员可以随时更新内容，确保信息的准确性和时效性。

二维码管理模块主要负责生成、分配和管理景区内各个景点的二维码。可以对二维码进行批量生成和打印，方便景区布置。

用户管理模块用于记录游客的使用情况和反馈信息，以便景区进行数据分析和服务改进。同时，可以对游客进行分类管理，如普通游客、会员游客等，提供不同的服务。系统设置模块对系统的各项参数进行设置，如语言设置、音频播放设置、视频分辨率设置等。

二、解说内容设计

运用二维码作为解说媒介时，解说内容设计包括解说文字、音频、视频、图片等。

（一）解说文字设计

解说文字应当简洁明了地介绍景点的历史背景、文化内涵、特色景观等信息。文字内容应准确、生动，富有感染力。可以采用不同的字体、颜色和排版方式，突出重点内容，提高阅读体验。

（二）音频解说设计

一般来说，解说音频的录制由景区专业的导游或专业播音员进行讲解录制，音频内容应与文字介绍相呼应，更加生动地展现景点的魅力。录制的过程中应当提供多种语速和音量选择，方便游客根据自己的需求进行调整。

（三）视频展示设计

为了提升游客的观赏效果，可以在二维码中集成视频内容。拍摄景点的高清视频，展示景点的全貌、特色景观和精彩瞬间。视频内容应具有吸引力，能够让游客更好地了解景点，可以添加字幕和音乐，增强视频的观赏性。

（四）图片展示设计

二维码中上传景点的精美图片，包括全景图、特写图、历史照片等。图片应清晰、美观，能够直观地展示景点的特色。可以对图片进行分类和标注，方便游客浏览和查找。

三、二维码设计与布置

（一）二维码设计

设计独特的二维码图案，与景区的品牌形象相符合。可以在二维码中加入景区的标志、特色景观等元素，提高二维码的识别度和美观度。确保二维码的尺寸适中，便于游客扫描。同时，要保证二维码的质量，避免出现模糊、变形等情况。

（二）二维码布置

在景区内的各个景点、游客中心、售票处、导览图等位置布置二维码标识。标识应明显、醒目，方便游客找到。可以采用不同的布置方式，如张贴、悬挂、立牌等，根据景区的实际情况进行选择。

四、用户体验设计

二维码设计完成后，要关注游客的操作体验。第一，确保游客扫描二维码后能够快速进入解说页面，避免出现加载缓慢、卡顿等情况，影响游客的体验感。第二，优化系统性能，提高响应速度。交互界面设计应当简洁明了，方便操作。可以采用滑动、点击、缩放等手势操作，提高用户体验。第三，提供反馈机制，让游客能够及时反馈问题和建议。管理员可以根据反馈信息进行改进和优化。第四，考虑到景区内可能存在网络信号不好的情况，设计离线使用功能。游客可以在有网络时下载解说内容，在离线状态下进行浏览和收听。

五、安全与维护

采取有效的数据加密和备份措施，确保游客的个人信息和使用记录的安全；防止数据泄露和丢失；定期对系统进行维护和升级，修复漏洞和故障，确保系统的稳定性和可靠性；对解说内容进行审核和更新，保证信息的准确性和时效性。

六、二维码解说设计的流程

（一）明确目标与需求

1. 功能需求

景区二维码解说设计，需要提前确定二维码解说系统的核心功能，如景点介绍、历史背景、导览线路、景点分布情况等，依据功能需求确定操作界面的内容。二维码解说系统的常用功能有三个方面。

（1）导览功能：为游客提供清晰的地图导航，标注出重要景点的位置和参观线路。通过扫描二维码，游客可以随时了解自己所处的位置以及周边景点的信息，方便规划行程。

（2）解说功能：提供丰富多样的解说内容，包括文字、图片、音频和视频等。解说应生动有趣、通俗易懂，能够吸引游客的注意力并传达景点的核心价值。

（3）互动功能：设置互动环节，如提问、留言、评价等，让游客能够与解说系统进行互动，分享自己的感受和体验。同时，也可以通过互动了解游客的需求和意见，不断改进解说系统。

2. 游客需求

精准分析景区稳定化、规模化的目标游客群体，了解他们的需求和偏好，定制化设计解说内容、解说时长、解说形式等，要充分考虑到游客的年龄差异、文化背景差异和旅游目的差异。

（1）年龄差异：考虑到老年游客可能对操作的便捷性有更高要求，界面设计应简洁明了，字体较大且易于阅读；青少年可能更倾向于互动性强、形式新颖的解说内容，如小游戏、虚拟现实体验等。

（2）文化背景差异：对于国际游客，提供多语言解说服务，确保内容准确传达。同时，要考虑不同文化背景下游客对旅游景点的认知和兴趣点的差异，调整解说内容的侧重点。

（3）旅游目的差异：休闲游客可能更关注景点的美景、娱乐设施和特色美食，解说系统可以突出这些方面；而历史文化爱好者则希望深入了解景点的历史渊源、文化内涵和艺术价值，应提供更详细的专业解说。

（二）解说内容的撰写

明确景区与游客的需求后，需要深入详细地撰写解说内容。包括解说内容的组成、解说时长的控制、解说形式的选择、解说载体的确定等。

解说内容要有准确性和权威性，由专业的历史学家、文化学者、导游等进行撰写和录制；参考可靠的文献资料和研究成果，对景点的历史、文化、自然等方面进行深入挖掘和解读；建立严格的内容审核机制，对解说内容进行反复审核和校对，确保信息无误；同时，要及时更新解说内容，以反映景点的最新变化和研究成果。

解说形式尽量丰富多样。除了文字解说外，还可以提供图片、音频、视频等多种形式的内容，满足不同游客的需求。例如，对于历史建筑，可以提供建筑的照片、平面图、剖面图等，让游客更直观地了解建筑的结构和特色；对于自然景观，可以提供视频解说，展示景观的美丽和壮观。解说形式应当包括中文、英文、手语等多种解说形式，满足游客多样化的解说需求。

解说时长一般控制在 2 分钟左右，过长容易失去聆听的兴趣。解说载体融合图片、音频、视频等多媒体元素，提升游客体验与兴趣。

（三）技术选型与平台搭建

选择合适的二维码生成工具和技术平台，确保二维码的稳定性和可识别性。解说界面应当具有明确的可操作性，使游客能迅速掌握具体的操作流程。

（四）二维码设计与制作

二维码界面的设计要充分考虑美观、色彩、操作等要素。二维码设计要注重以下原则。

1. 简洁美观

设计简洁美观的界面，易于操作和浏览。避免过多的广告和干扰元素，让游客能够专注于解说内容。

2. 色彩搭配

选择合适的色彩搭配，既要与景点的主题和氛围相协调，又要保证文字和图片的清晰可读。例如，对于自然风景区，可以选择清新的绿色和蓝色为主色调；对于历史文化古迹，可以选择古朴的棕色和黄色为主色调。

3. 图标和按钮设计

设计直观的图标和按钮，让游客能够快速找到所需的功能。例如，使用明显的播放按钮、暂停按钮、返回按钮等，方便游客操作音频和视频解说。

在景区内合理布局二维码，如景点入口、关键位置等，确保游客能够方便地获取解说信息。在二维码附近设置清晰的引导标识和说明文字，帮助游客了解如何使用二维码解说系统。可以设置一些互动环节，如扫码关注景区公众号或参与抽奖活动等，提高游客的参与度和黏性。

（五）二维码解说系统的维护更新

1. 定期进行内容更新

根据景区变化和游客反馈，定期更新解说内容，保证信息的时效性和准确性。针对不同季节或活动，推出特色化的解说内容，吸引游客前来参观。根据用户反馈和使用数据，不断优化系统功能和用户体验，提升游客满意度。

2. 系统的维护与管理

加强系统的安全防护措施，防范数据泄露和网络攻击等安全问题。定期对服务器和数据库进行备份与维护，确保数据的完整性和可恢复性。对解说系统进行定期维护，检查二维码的可用性、服务器的稳定性、内容的准确性等，及时修复出现的问题，确保系统的正常运行。

3. 互动宣传

利用景区官网、社交媒体、线下宣传册等多种渠道宣传推广二维码解说系统。与旅行社、在线旅游平台等合作，扩大二维码解说系统的知名度和影响力。

｜相关链接｜

245 个二维码！手机扫一扫，文瀛湖风景区尽情逛

文瀛湖风景区是集休闲、娱乐、观景、喷泉、健身等功能于一体的风景区。2024 年 8 月 27 日，在文瀛湖风景区看到，一名游客在景区扫码后，手机上立刻以视频、图片及解说同步的导游画面呈现。不少游客表示，由于文瀛湖风景区面积较大，想了解景区布局和自己感兴趣的内容会很困难。为此，文瀛湖风景区管理中心在景区设置了 245 个智慧游二维码，解决了游客的个性化游览需求。游客使用手机扫描二维码即可获取景点或古迹的详细讲解内容，在景区导览中扫码讲解系统可以提供文字、图片、语音或视频等多种形式。智慧游上线以来扫码游客已达 10 余万人。

——资料来源：大同市人民政府官网

课堂思考

1. 谈一谈二维码旅游解说方式的优势。
2. 尝试进行二维码解说的设计。

项目六 语音导览系统设计

◆**知识准备**

语音导览系统作为人员解说方式的重要补充，在旅游解说中使用非常广泛，大大提高了游客游览过程中的便利性。认识语音导览系统，熟悉语音导览系统的使用与维护方法，对学生未来从事相关工作具有重要的意义。

任务一　认识语音导览

任务布置

请以某景区为例，选取景区中最具代表性的景点，编写解说词，录制一段语音解说。

任务要求

1. 语音解说的时长控制在 2 分钟左右。

2. 录制语音解说过程中，把握讲解的语音、语速、语调和节奏。

3. 查阅资料，注意解说内容的准确性与科学性。

语音解说示范

一、语音导览的定义与构成

语音导览是指通过预先录制的音频内容为游客提供导览服务的解说形式，这种解说形式通过语音讲解将游客与景点、文物、展品及其蕴含的文化联系在一起，满足游客参观游览的需要。语音导览系统常被用于博物馆、规划馆、展览馆、科普馆等。

语音导览系统主要由硬件设备和软件系统两部分组成。

硬件设备有导览设备如手持设备、耳机等，用于接收和播放语音讲解；有定位设备如蓝牙信标、GPS 等，用于确定游客的位置，以便播放相应的讲解内容。有服务器，用于存储语音讲解文件和相关数据，负责系统的管理和运行。

软件系统包括导览软件和管理软件等。其中导览软件主要安装在导览设备上，用于接收定位信息、播放语音讲解、提供地图导航等功能。管理软件主要用于管理语音讲解文件、设置导览线路、监控系统运行等。

二、语音导览的类型

依据解说媒介、技术及其工作原理的差异，可将语音导览系统分为固定式语音导览系统、移动式语音导览系统、手机智慧语音导览系统等。其中，固定式语音导览系统又可以分为展厅分区语音讲解系统、定向音响讲解系统、自动感应式讲解器等。

（一）固定式语音导览系统

1. 展厅分区语音讲解系统

适用于讲解员向游客进行团队讲解的情况，讲解员可手持无线讲解发射器进行语音讲解，参观者无须佩戴耳机，也可以听到现场预先安装的分区扩音设备发出的声音，避免耳机对参观者造成的不适及分发和回收耳机的不便，或其他扩音设备（例如小蜜蜂等便携扩音设备）在大中型团队讲解中出现后排游客听不清楚的情况。游客体验较好，讲解员走到哪里声音就在哪里发出，避免多个团队相互之间干扰。讲解区域之间采用淡入淡出的不间断、无缝平滑切换方式，"人到声起，人走声息、声随人动、如影随形"。

| 相关链接 |

展厅分区讲解系统的应用

展厅分区讲解系统在博物馆中的应用非常广泛，包括展馆、博物馆、纪念馆、大型企业的展厅等场所都能看到它的应用。这种系统通过先进的定位技术和数字化手段，将大区域划分为多个小区域，每个区域实现独立讲解，不仅提升了讲解的针对性和个性化，还显著改善了游客的参观体验。

　　具体来说，分区讲解系统在故宫博物院、上海博物馆、国家博物馆等场馆中都有应用。这些系统不仅能够满足划区域讲解的需求，而且在使用方面也非常简单，讲解员拿起话筒就能自动与展厅内的接收机主机相连接，通过喇叭播放讲解音频。

　　此外，分区讲解系统还可以与背景音乐系统、大屏播放系统、人体感应播放系统等多媒体设备结合使用，多种设备间可以自由切换，适用于各类展馆、企业展厅、科技馆和博物馆等场所。

——资料来源：收集整理

2. 定向音响讲解系统

　　通过特殊发声原理控制声音的传播方向，让声音像夜晚手电筒光束一样发射和传播，指向哪里，哪里就可以听到声音。只有站在发声区域内的人才能听到，声音可以像光一样精确地控制、传播，创造一个独立相互无干扰的音频空间。

　　定向扬声器适合博物馆、文化馆等室内外场景，当参观者走到某个区域时，定向扬声器可以自动感应到有人经过，站在区域内的人可以听到自动播放的语音讲解、导购等音频内容，区域外的人则几乎听不到，实现了区域内人来声起、人走声止，避免了声音污染和相互干扰，保证了一个相对安静和舒适的游览、购物环境。

　　比如广东省博物馆等大型博物馆也采用了定向音响讲解系统，这种系统通过定向音箱实现精准的展品解说，能够在嘈杂的环境下清晰地传递声音，提供沉浸式的参观体验。定向音响系统能够减少噪声污染，提升语音清晰度，为参观者创造更好的听音环境。

3. 自动感应式讲解器

　　自动感应式讲解器又称自动感应耳机，在展馆或景区设置了若干个语音导览点后，随着游客前行的脚步，系统会在有语音导览点的位置自动推送语音讲解到游客的智能导览耳机中，游客无须做任何手动操作，即可享受自助式的全自动讲解服务，同时系统也支持讲解员或领队手持团队控制器，对所在团队进行全团一键静音，全团参观须知播放，全团语音切换，掉队提醒等讲解控制管理操作。

　　比如，在上海博物馆东馆，游客可以在一楼服务区租借到头戴式讲解器，它具有自动感应功能，能够随着游客靠近文物自动播放相关内容，非常适合老年人使用。

此外，讲解器还具有耳罩和自动感应功能，确保游客在参观过程中能够舒适地听取讲解。

洛阳民俗博物馆也新增了自助语音导览设备，能够实时感知游客的位置，并自动播放附近文物的语音介绍。游客还可以手动选择文物名称听取详细介绍，从而获得更加个性化的参观体验。

| 相关链接 |

建川博物馆自动讲解系统

建川博物馆作为国内最大的私人博物馆，设有抗战、红色、地震和民俗四大系列共30余个分馆，藏品1000余万件。馆内有布满碎缝的瓷器，有充满痕迹的徽章，有泛黄老旧的文献。全面记录并介绍了中国共产党党史、抗日战争、红军长征、抗震救灾、改革开放等内容，让前来参观的游客都为之震撼。为了让游客能真正地沉浸式游览，建川博物馆使用现代科技构建了完善的自动讲解系统。游客驻足于一件件珍贵的历史文物前，更能感受到那个时代的悲壮与英勇。静物无声，文物藏品静静地展示在眼前，却仿佛诉说着那段磅礴的历史，馆内的历史相片、艺术作品充斥着英勇无畏的先烈们的呼唤声。场馆的语音讲解内容由不同的专业播音老师进行精心录制，搭配了与场馆相适应的背景音乐；其音质方面更是做了全面提升，语音讲解更清晰；设备点位优化调整，真正实现"走到哪听到哪"，满足游客"随心游"的参观需求。

——资料来源：百度百科

（二）移动式语音导览系统

移动式语音导览系统通常依托一定的导览讲解设备，如无线讲解器、自动讲解耳机、导览机等。

（1）无线讲解器：景区讲解员通过领夹式的讲解器进行景区解说服务，游客可以佩戴接收器聆听讲解，实现一讲多听的功能。这种导览设备往往能较好去除外界环境造成的噪声干扰，只保留讲解员的声音，确保游客听到的声音更清晰饱满。

（2）自动讲解耳机：这种导览设备往往具有自动感应的功能，在有语音导览点的位置可以自动感应到景区推送的语音讲解。不需要游客手动操作，完全可以自助式感受全自动的讲解服务。

（3）导览机：这种讲解设备中往往集成有大量的景区地图，游客可以全面地查询到景区的布局、展厅的布局、参观游览的线路、服务设施的分布等。每一个讲解的内容都有对应的指示灯，游客可以清楚地知道自己的位置。同时，游客可以根据自己的需要进行手动导览或自动导览等。

游客到达景区后，可以租借或购买设备，随身携带。设备通常具有触摸屏、按键等操作方式，方便游客选择想听的讲解内容。部分设备还具备定位功能，能够根据游客的位置自动播放相应的讲解。

（三）手机智慧语音导览系统

手机智慧语音导览系统可以通过 AR、二维码、小程序、微信公众号、App 等多种方式聆听语音讲解。游客下载景区专属的手机应用程序，就可以获得语音导览服务。这种智慧化的语音导览方式，功能丰富、使用便捷、互动性强。如应用程序可以利用手机的定位功能，自动为游客推送附近景点的讲解内容，还提供景区地图、景点介绍、游览线路推荐等功能。

│相关链接│

重庆中国三峡博物馆语音讲解

重庆中国三峡博物馆的语音讲解具有全面性、互动性和便捷性的特点。语音讲解覆盖了"壮丽三峡""重庆·城市之路""远古巴渝""抗战岁月"四个展厅的展览，内容设计考虑了展品的陈列特点和观众的认知需求，形式更接近于人工讲解，便于观众形成全面的观展印象。语音讲解的内容设计以展览单元主题为线索，突破了博物馆行业以往以单件藏品为线索的限制，内容全面且系统。

游客利用手机智能终端，在微信中查询重庆中国三峡博物馆，在重庆中国三峡博物馆微信公众号中，通过点击底部菜单的"听讲解"里的"语音讲解"栏目，便能找到相应展厅的相应点位，享受免费语音导览服务。其中，"壮丽三峡"展厅包括 13 个点位，"重庆·城市之路"包括 29 个点位，"远古巴渝"展厅包括 21 个点位，"抗战岁月"展厅包括 26 个点位。置身展厅，免费的语音导览可以帮助观众聆听三峡壮阔之美、了解巴渝璀璨文化、感受城市发展脉络。

——资料来源：《重庆日报》

三、语音导览的特点

（一）灵活性

语音导览系统允许游客根据自己的兴趣和需求进行个性化参观。游客可以按照自己的节奏和兴趣安排参观行程，随时停下来听取导览讲解，根据需要深入了解景点和展品的内容。

（二）智能性

语音导览系统通过自动感应技术，让游客在佩戴导览机进入信号覆盖区域时自动播放讲解内容，无须手动操作。这种自由参观的方式不仅节省了游客的时间，还提升了参观的流畅度和趣味性。

（三）多样性

语音导览系统具备多语言讲解功能，能够轻松切换播放语言，方便不同国家和地区的游客了解展品和景点的背景故事，缓解人员讲解的压力。

四、语音导览设计的技巧

（一）设备选取

1.导览设备

语音导览在设计过程中，应当充分考虑到导览设备的便携性、耐用性、电池续航能力、显示屏、操作按钮、耳机接口等多个因素；尽量选取设计小巧、轻便且方便游客携带和操作的导览设备，最好能够承受一定程度的碰撞、摔落和日常使用磨损；确保有足够长的使用时间，避免在游览过程中电量耗尽。导览设备如果有显示屏，要保证在不同光照条件下都能清晰显示信息，字体大小适中，易于阅读。页面布局合理，易于操作，有明确的功能标识。避免按钮过小或过于灵敏导致误操作。耳机接口尽量有比较好的兼容性，能适配多种常见耳机类型，确保音频输出质量稳定。

2. 定位设备

为了尽量提高定位的准确性，确保能够准确触发相应位置的语音讲解内容。定位设备在选取的过程中信号应当具有稳定性，保证在不同的环境中（如室内、室外、山区等）都能保持稳定的接收信号，避免出现定位漂移或丢失的情况。减少对导览设备电池的消耗，延长整体使用时间。

（二）内容设计

运用语音讲解系统的过程中，内容设计一定要把握好以下几个注意事项。

（1）准确性：内容要经过严格审核，确保历史、文化、科学等信息准确无误。

（2）丰富性：不仅要有基本的介绍，还可以加入故事、传说、趣闻等，增加趣味性和吸引力。

（3）语言表达：讲解语言生动、通俗易懂，避免使用过于专业或生僻的词汇。可以根据不同的受众群体提供多种语言版本。

（4）时长控制：讲解内容不宜过长或过短，要根据景点的重要程度和游客的注意力时间进行合理安排。

（5）音频质量：录制清晰，音量适中，无杂音干扰。可以根据环境噪声自动调整播放音量。

（三）功能设置

1. 地图导航功能

（1）准确性：地图要与实际场景完全匹配，标注清晰准确，包括景点位置、出入口、卫生间、休息区等。

（2）实时性：能够实时显示游客的位置和行进方向，方便游客随时了解自己的位置和前往目的地的线路。

（3）易用性：操作简单，界面友好，游客能够快速找到所需的导航信息。可以提供多种导航方式，如步行导航、驾车导航等。

2. 互动功能

（1）反馈机制：游客提出问题或发表评论后，能够及时得到回复和反馈，提升游客的参与感和满意度。

（2）互动内容：可以设置一些互动游戏、问答环节等，提高游览的趣味性和互动性。例如，通过回答问题获得积分或奖励。

（3）社交分享：允许游客将自己游览经历分享到社交媒体上，扩大景区的影响力和知名度。

（四）游客体验方面

1. 易操作

（1）启动快速：导览系统应能够快速启动，减少游客的等待时间。

（2）操作简单：界面简洁明了，操作流程易于理解和掌握。可以提供操作指南或视频教程，帮助游客快速上手。

（3）个性化设置：允许游客根据自己的喜好进行个性化设置，如语言选择、音量调节、讲解速度等。

2. 稳定性

（1）系统稳定性：确保系统在运行过程中不会出现死机、卡顿、闪退等问题，保证游客的游览体验。

（2）数据安全：保护游客个人信息和游览数据安全，避免数据泄露和滥用。

3. 服务支持

（1）现场服务：在景区内设置服务点，为游客提供导览设备的租赁、维修、咨询等服务。

（2）在线支持：提供在线客服或帮助中心，及时解答游客在使用过程中遇到的问题。

任务二　导览语音录制的流程

任务布置

结合导览语音录制的要求，选取某个景区景点，编写一篇 500 字左右的解说词，并完成导览语音的录制。

任务要求

1. 语音录制的时长控制在 3 分钟左右。

2. 语音录制前，请同学们先查阅、聆听有特色的景区语音讲解音频，从内容、时长、讲解技巧等方面进行深入的学习。

语音解说技巧示范

一、准备阶段

（一）编写解说词

解说词是口头解释、说明事物的文本。常见的解说词往往有电影、电视解说词、文物古迹解说词、专题展览解说词、幻灯解说词、导游解说词等。解说词能加深观众对实物或形象的认识与理解。景区解说词、文物解说词、展览解说词等，能便捷传递景区景点的信息以及文物古迹的文化内涵。

以景区景点解说词为例。编写景区景点解说词以前，我们要深入研究景区景点，通过景区官网、纪录片、书籍文献、微博、景区公众号等多种渠道，收集景区历史、文化、地位、景点构成、景点介绍等资料。再根据不同受众的需求特点，设计解说词的结构、内容、深度与语言风格。一般情况下，一篇完整的解说词包括概况介绍、重点景点讲解、主题文化总结、欢送语等。景区概括介绍包括位置、面积、历史、地位、价值等，编写这部分内容时一定要注意把握好准确性与科学性的原则。

┃相关链接┃

涪陵白鹤梁解说词

游客朋友们，大家好！欢迎来到有"世界第一古代水文站"与"水下碑林"美誉的白鹤梁参观游览。

白鹤梁位于重庆市涪陵区北面的长江中，是一块长约 1600 米、平均宽 15 米的天然石梁，每年长江水枯的时候露出水面。石梁题咏甚多，以刻字为主，兼有石鱼图、白鹤图、观音图等。梁上题字篆、隶、行、楷、草，颜、柳、苏、黄一应俱全，约 3 万字。从唐代至今，共有碑文题刻 165 段，石鱼 18 尾，白鹤 1 只，观音 3 尊。记载了长达 1200 年的历史枯水记录，是长江上游枯水水文记录的石刻档案库。

三峡蓄水后，白鹤梁淹没在长江中，如今以水下博物馆的形式得以保存。请大家跟随我的步伐，开始今天的水下博物馆之旅。

现在我们所在的位置是博物馆的大厅，接下来我们将乘坐88米的自动扶梯，前往40米深的水下参观游览。朋友们可由远及近地欣赏石鱼与书刻。无论是透过参观廊道内侧的观察窗，远观历代石鱼与书刻，还是利用廊道外侧的可旋转摄像机，观察石刻细致部位，又或是潜至水中与其零距离接触，都是不错的选择。

进入水下展馆，首先让我们欣赏最具代表性的石鱼题刻。白鹤梁共有石鱼18尾，构图布局多样、雕刻技法丰富、形态种类繁多。有双鱼、平行、尾首相连的，也有双鱼、平行、鱼首相对的；有单鱼头朝左，也有单鱼头朝右的。有线雕、浅浮雕、高浮雕的，有鲤鱼、花鲈、鳛鱼等石鱼形态的。其中水文价值最高的当数唐代所见鱼与清代重镌双鱼。

朋友们请看，眼前这则已模糊不清，仅保存1尾的便是唐代所见鱼。约在同一位置保存完好这对是清代重镌双鱼。这对石鱼是一尾用线雕技法完成的鲤鱼石刻，两条石鱼前后排列，呈溯江而上的游动姿势。每条36片鳞甲，一条口含莲花，一条口含灵芝。鱼眼海拔高程137.91米，正好处于常年最低水位的位置。

为什么古人要镌刻这样两条石鱼呢？原因之一，这是古人铭刻的石鲤水标，鱼眼是衡量枯水程度的"零度"标尺。就记录推算，长江上游每隔3年或5年就有一次枯水发生，10年或数10年就有一次较枯水位、600年就有一次极枯水位。原因之二，这是我国传统文化的体现，表达了古人连年有余的愿望和百年好合的期盼。"鱼"与剩余的"余"谐音，有"年年有余"之意。双鲤成游动的姿态，有鲤鱼跃龙门之意。莲花即荷花，有"百年好合"之意。这对石鱼正是中国传统文化与水文记录的巧妙结合。

这种以坚硬岩石为载体、以雕刻石鱼为水位基准点、以镌刻数字或文字来记录水位的方式，是古人留给我们的宝贵财富，是中国劳动人民智慧的结晶。朋友们，感受了白鹤梁的水文价值后，让我们继续往前走，欣赏它的艺术之美、文化之美。

——资料来源：整理

（二）选择录音设备和软件

解说词编好以后，选取适合的录音设备与软件非常重要。选取录音设备时，应当结合录制的需求，手机、电脑均可。确定录音软件时，可以根据录音需求、软件功能、操作难易程度的要素决定。如果需要专业的音频处理，如录音、编辑、降噪等，可以选择 Audition、Auda city 等，如果只需要较为简单的录音功能，可以选择手机或电脑自带的录音软件、数据蛙等。

二、录制阶段

第一，选取适宜的录制场地，保证录制环境的安静。

第二，录制过程中注意语音、语速和语调，保持语言流畅、节奏适宜、情感饱满。解说中适当地调整语气和情感来增强表达力和吸引力，增强游客的兴趣。尽量运用简洁明了的语音表述解说内容，避免使用过于复杂或专业的词汇。若匹配有相应的视频时，注意将视频内容和解说词相互配合，增强观众的理解和享受。

第三，控制录制的时长。每条语音解说的时长以控制在 3 ~ 5 分钟为宜，时间过长游客容易无兴趣，时间过短则无法完整地呈现景点的内容。

三、后期处理阶段

使用音频处理软件对录音进行剪辑和整理。去除不必要的杂音和空白部分，使解说词更加紧凑和连贯。如果录音中存在环境噪声或设备噪声，可以使用降噪功能进行处理。降噪处理可以显著提高录音的清晰度和可听性。根据需要调整录音的音量大小，确保解说词在不同环境下的可听性。同时，要注意保持音量的稳定性和一致性，避免忽大忽小的情况。将处理好的录音文件导出为 MP3 或其他常用音频格式，并保存在合适的位置以便后续使用。

四、注意事项

（1）需要一个录音设备，如麦克风，用来录制语音讲解。

（2）选择一个支持音频编辑功能的软件，如 Adobe Premiere Pro、Final Cut Pro 等。

（3）在软件中找到音频轨道，将录制好的语音讲解导入软件中。在时间轴上选择一个合适的位置，将语音讲解文件拖动到音频轨道上。

（4）调整语音讲解的音量和位置。可以使用音频编辑工具，如增加音量、剪辑或删除部分讲解内容。

（5）在视频的时间轴上找到对应的位置，将语音讲解与视频进行对齐。再根据需要移动、剪辑语音讲解和视频的位置，以使其同步。

（6）预览并保存视频。完成对视频的编辑和调整之后，可以预览一下最终效果，如果满意，可以保存导出视频文件。

推荐观看

重庆中国三峡博物馆语音导览系统。

| 相关链接 |

数字人AI导游小丹

全国首个旅游景区AI导游"小丹"正式上线。手机扫一扫小丹的身份识别"二维码"，即可领走你的专属度假助理，让游客享受全天候一对一贴身服务。数字人AI导游"小丹"是由万达集团企业文化中心为贵州丹寨万达小镇量身打造的。"小丹"作为全国首个旅游景区AI导游，不仅具备智能定位功能，还能根据游客的位置提供附近景点和特色活动的推荐。无论是历史名城、自然风光还是人文景观，"小丹"都将陪伴游客探索更多精彩的旅游目的地。丹寨万达小镇AI导游攻克了线上"多人并发"的技术难题，让她可以同时面对成千上万个游客，而且能做到每个人"一对一"个性服务，随时唤醒，随时服务。

——资料来源：封面新闻

项目七 视频解说系统设计

任务布置

　　请以校园或某景区为例，拍摄一段视频解说。要求有片头和片尾，片头尽量呈现校园全貌，主要内容包括欢迎词、学院概况介绍、三处主要景点等。

视频解说示范

任务要求

1. 需要有解说词，信息准确，主题突出，文稿规范。脱稿讲解，不采用后期配音的方式；语言流畅，音量适中；表情自然，面带微笑；形象大方得体。

2. 拍摄的视频具有一定主题，以校园为拍摄点，可以选取精神、智慧、青春、友情、团结、力量、美好生活、健康生活等主题。

一、解说视频的拍摄流程

（一）前期准备

1. 明确主题和内容

确定视频的主题，如景区的自然风光、历史文化、特色活动等，并根据主题规划好视频的内容和结构。

2. 撰写脚本

脚本是视频拍摄的基础，包括视频的镜头、画面、解说词、音乐等元素。在撰写脚本时，要注意语言简洁明了，内容生动有趣，能够吸引观众的注意力。

3. 准备拍摄设备

根据拍摄需求和预算，选择合适的拍摄设备，如相机、摄像机、无人机等。同时，还需要准备好相应的镜头、三脚架、稳定器、灯光等配件。

4. 安排拍摄人员

根据拍摄任务和设备情况，安排合适的拍摄人员，如摄影师、摄像师、剪辑师等。同时，还需要对拍摄人员进行培训，使其熟悉拍摄设备和流程。

（二）中期拍摄

1. 选择合适的拍摄时间

根据景区的特点和拍摄需求，选择合适的拍摄时间，如早晨、傍晚，晴天、阴天等。同时，还需要注意天气变化，避免在恶劣天气下拍摄。

2. 选择合适的拍摄角度

根据景区的特点和拍摄需求，选择合适的拍摄角度，如俯拍、仰拍、平拍等。同时，还需要注意画面的构图和比例，使画面更加美观。

3. 注意光线和色彩

光线和色彩是影响视频质量的重要因素，要注意光线的强度、方向和色温，以及色彩的饱和度、对比度和色调。同时，还需要注意避免反光和阴影，使画面更加清晰。

4. 捕捉细节和特色

景区解说视频不仅要展示景区的整体风貌，还要捕捉景区的细节和特色，如建筑的雕刻、植物的纹理、动物的行为等。同时，还需要注意拍摄的稳定性和流畅性，使画面更加自然。

（三）后期制作

1. 剪辑和编辑

将拍摄的素材进行剪辑和编辑，去除不必要的部分，调整画面的顺序和节奏，使视频更加流畅、有吸引力。

2. 添加解说词和音乐

根据视频的内容和风格，添加合适的解说词和音乐，使视频更加生动、有感染力。

3. 添加特效和字幕

根据视频的需要，添加一些特效和字幕，如转场特效、滤镜、标题等，使视频更加丰富、有创意。

4. 输出和发布

将制作好的视频输出为合适的格式，如 MP4、AVI 等，并发布到相应的平台上，如抖音、微信、微博等，以便更多的人观看和分享。

二、解说视频拍摄的技巧

作为景区从业人员或景区讲解员，尤其是博物馆讲解员，拍摄解说视频也是岗位职责之一。下面以博物馆讲解员解说视频为例，看看解说视频拍摄的技巧。

（一）深入研究解说内容

研究解说对象，是做好视频解说工作的重要步骤。以博物馆讲解员为例，讲解员需要对景区景点、所展示的文物或展品、文化内涵等有深入的了解，包括历史背景、主要特色、地位与价值、制作工艺、文化内涵等。编写解说内容时要通过查阅相关资料、咨询专家或与展品管理人员交流，确保信息的准确性和权威性。根据展品的特点和观众的需求，编写一份详细的解说脚本。视频拍摄的脚本应包含开场白、展品介绍、互动环节和结尾等部分，内容要逻辑清晰、语言生动。

（二）高度掌握解说技巧

1. 语速与音量

讲解员的语速应适中，避免过快或过慢，确保观众能够听清并理解内容。音量要足够大，以确保在博物馆环境中也能清晰传递信息。

2. 语言表达

使用准确、生动的语言进行解说，避免使用过于专业或晦涩的词汇，可以适当加入一些故事、趣闻或互动问题，提高视频的趣味性和互动性。

3. 体态语言

讲解员在解说过程中应保持良好的肢体语言，如自然的微笑、适当的手势等。这些肢体语言可以增强表达的感染力，使观众更加投入地观看视频。

| 相关链接 |

导游人员目光语言的使用

导游人员一般连续注视游客的时间应在 1～2 秒钟。目光接触的向度是指视线接触的方向。一般来说，人的视线向上接触（仰视）表示"期待""盼望""傲慢"等含义；视线向下接触（俯视）则表示"爱护""宽容""轻视"等含义；而视线平行接触（正视）表示"理性""平等"等含义。导游人员常用的目光语应是"正视"，让游客从中感到自信、坦诚、亲切和友好。

——资料来源：整理

（三）了解拍摄技术要求

1. 选择适当的拍摄设备

根据需要录制对象的环境和展品特点，选择合适的摄像机、三脚架、灯光等设备。确保设备质量良好，能够拍摄出清晰、稳定的画面。

2. 优化录制环境

选择一个安静、光线充足的录制环境，避免噪声和反光对录制效果的影响。根据需要调整灯光和背景，以突出展品并营造合适的氛围。

（四）辅助开展后期制作

作为景区行业的从业人员，也可以适当地掌握解说视频的剪辑技巧，或者协助好专业的人员完成解说视频的后期制作工作。如视频剪辑过程中常用的软件类型，使用专业的视频剪辑软件对录制的素材进行剪辑和合成，确保画面与音频的同步，调整画面和音效的表现力，使视频更加流畅和生动；为视频添加清晰、准确的字幕，方便游客理解和观看；可以适当使用特效和动画来增强视频的视觉效果，但应避免过度使用以免分散观众的注意力。

项目八　智慧解说系统应用

任务布置

随着智慧旅游的发展，旅游业数字化转型势在必行。请同学们收集、整理智慧旅游解说系统应用的典型案例，以图文并茂的方式在班级进行汇报。结合案例，分析智慧旅游解说系统的发展趋势。

任务要求

1. 收集的案例具有典型性。

2. 标明每一个案例的资料来源。

| 案例 |

博物馆智能讲解机器人 "上岗啦"

深圳大鹏半岛国家地质自然公园正式推出智能讲解机器人，通过语音、视觉、动作等多种感应进行人机交流。机器人可以实现迎宾接待、问答咨询、智能讲解等功能。主要分布在博物馆和展区，为游客提供导览和解说服务。在博物馆在序厅和三号展厅各放置了一台讲解机器人，分别讲解一层和二层。游客根据页面提示，可以选取讲解内容。讲解机器人收到指令开始走到讲解点，讲解结束后可以自动进入下一个讲解点。讲解机器人可分为 10 分钟和 30 分钟讲解时间，讲解机器人讲解结束，自主回到接待点。

——资料来源：百度资料整理

一、智慧旅游解说系统的内涵

智慧旅游解说系统是指运用 5G、大数据、人工智能、虚拟现实、蓝牙、基于位置服务（LBS）等技术，通过自动定位、景观识别、近距离感知、人机交互、多媒体展示等功能，采取语音、文字、图片、视频等形式，为游客提供基于位置的个性化线路推荐、导览和讲解等服务，为旅游活动提供形式多样的信息提示。

二、智慧解说系统的类型

（一）按技术实现方式划分

1.基于AR（增强现实）技术的智慧解说系统

利用AR技术，将虚拟信息叠加到现实景区场景中，为游客提供沉浸式的解说体验。游客可以通过手机或AR眼镜等设备，观看景区的三维模型、动画演示等，同时听到相应的解说内容。

比如隋唐大运河文化博物馆提供了AR讲解和AI导览设备，游客可以通过这些设备听取文物的语音讲解，并看到文物"活"起来的样子。这些设备的知识储备量会随着使用频率的提升而增加，确保提供的信息准确无误。

温州园利用易现EZXR技术打造了集景区导航导览、风格化地图、步数统计、一键报警等功能为一体的AR智慧导览系统，提供强大的技术与产品支持。成都大运会通过AR技术重现成都大熊猫、民国历史建筑等经典场景，丰富和创造了新的文化体验方式。

| 案例 |

"九曲黄河"Hi元宇宙沉浸式数字漫游馆

陕西旅游集团旗下壶口瀑布景区"九曲黄河"Hi元宇宙沉浸式数字漫游馆，联合视享科技共同推出了"AR+"文旅解决方案，通过前沿AR技术，用小小的一副眼镜，与漫游馆形成错落有致、互补互通的观展效果，完美地实现了黄河流域文化资源的时空形态转化。黄河壶口瀑布是国家级风景名胜区、国家5A级旅游景区，也是世界上最大的黄色瀑布。"九曲黄河"Hi元宇宙沉浸式数字漫游馆位于景区内，项目以传承中华文化、弘扬黄河精神为目标，总面积达1181平方米，通过情景式空间设计和沉浸式体验方式，运用大数据、云计算、人工智能、5G等数字技术精心打造，是基于物理空间的充满高科技感的"黄河元宇宙"。此次，全馆采用视享科技"AR+"文旅解决方案，利用智能定位、AI图片识别、智能讲解、智能成像等技术，与馆内场景交互展现，可以使游客更好地体验从黄河源头到入海口的文化面貌、自然景色。通过增强或者改变观众对真实世界的感知，让人们与构造的虚拟世界融为一体，"融合"在重构的童话世界里。

——资料来源：中国网文化频道

2. 基于 VR（虚拟现实）技术的智慧解说系统

通过 VR 技术，为游客创造一个虚拟的景区环境。游客可以佩戴 VR 头盔等设备，身临其境地游览景区，并听到详细的解说内容。这种方式适合对景区进行预览或深入了解的游客。VR 智慧解说系统通常还结合了手绘地图、语音讲解、电子沙盘等功能，为游客提供一站式数字化导览服务。游客可以通过点击地图上的"热点"位置，获取智能语音介绍或进入对应的 VR 漫游场景中。VR 技术在景区中的应用主要包括 VR 全景视频、VR 智慧景区、VR 云游、虚拟导游和文化传承等方面。

例如，泰山推出了"泰山神启"VR 项目，让游客通过 VR 体验泰山神话故事，感受博大精深的泰山文化。上海博新全宇宙带来了"Life Chronicles 生命的纪元"沉浸式体验，让游客穿越亿万年的时空。北京则在"五一"期间推出了 VR"斗茶记"项目，让游客在羊楼洞古镇体验青砖茶的发展史。敦煌则通过 VR、AR 等技术，让游客亲身体验敦煌千年文明的独特魅力。

| 案例 |
VR 体验："解锁"敦煌旅游新方式

2024 年国庆假期，敦煌多个热门景区借助 VR、AR 等技术，让游客在历史与现代、现实与虚拟、科技与文化的交织碰撞中，由"旁观者"化身"剧中人"，亲身感受敦煌千年文明的独特魅力，体验时空共鸣的震撼。

大型沉浸式探索体验娱乐项目"万象敦煌：秘宝与黄沙"成为国庆假期的热门之选。该项目利用高精度空间定位、多人互动和实时渲染技术，结合高性能背包的高精图形处理能力，应用最前沿的大空间多人 VR 技术，成功复原了唐代沙州城。观众以第一角色参与其中，化身为故事的推动者，边走边参与剧情，亲历一场热血的夺宝行动。敦煌市民游客体验后纷纷表示，这种与古人并肩作战的体验，让他们对敦煌的历史和文化有了更加深入的了解。

此外，这里还有 VR"敦煌遗书""敦煌汉简""超时空探秘"项目。游客可以在"敦煌遗书"里扮演古代的工匠，一起去修复敦煌古代壁画。在这个过程中，游客可以从文化层面感受到穿越历史和古代的工匠一起修复的过程，同时也让游客有了保护敦煌古代文化遗产的成就感。

——资料来源："敦煌文体广电和旅游局"公众号

3. 基于 RFID（无线射频识别）技术的智慧解说系统

RFID 技术是一种通过无线射频方式进行非接触数据通信的技术，可以自动识别目标对象并获取相关数据，无须人工干预，适用于各种恶劣环境。RFID 技术的基本组成包括电子标签、读写器和天线。电子标签附着在需要识别的物体上，存储着物体的相关信息；读写器通过天线发射无线电波，激活标签并读取其存储的信息；天线则负责信号的收发，确保数据的传输与接收。

在景区解说中，RFID 技术主要用于识别展品和游客的身份，从而提供相应的解说信息。当游客手持终端靠近装有 RFID 电子标签的展品时，终端会自动读取标签信息，调用存储在终端中的解说文本，并通过语音合成模块播放出来，为游客提供即时的解说服务。

这种方式适用于需要定点解说的景区，比如西安华清宫、山东泰山、北京颐和园等。RFID 技术在景区解说中的应用包括四个方面。

（1）展品识别：每个展品上都贴有 RFID 电子标签，当游客手持终端靠近这些标签时，终端会自动识别标签中的展品信息，并播放相应的解说内容。

（2）游客身份识别：通过 RFID 技术可以记录游客的信息，为游客提供个性化服务，如语言选择、导览线路等。

（3）互动体验：结合语音合成技术，游客可以通过终端进行互动，提问或选择感兴趣的展品进行深入了解。

（4）流量管理：RFID 技术还可以用于景区流量管理，通过识别游客的身份和行动轨迹，优化景区的人流引导和分流。

4. 基于智能手机的智慧解说系统

游客可以通过扫描景区内的二维码或下载相关的 App，获取景区的解说内容。这种方式具有灵活性高、操作简便的特点，适合各类游客使用。

（二）按功能特点划分

1. 自助式智慧解说系统

游客可以根据自己的兴趣和需求，自主选择要听取的解说内容。系统通常会提供景点列表、图文介绍、虚拟讲解员等功能，方便游客进行自助游览。

2. 互动式智慧解说系统

系统具有互动性强的特点，游客可以通过触摸屏、语音交互等方式与系统进行互动。系统会根据游客的反馈和选择，提供个性化的解说服务。

3. 多媒体智慧解说系统

结合了多种媒体形式（如音频、视频、动画等）的解说系统。游客可以通过观看多媒体内容，更直观地了解景区的历史、文化和自然景观。

4. 定制式智慧解说系统

根据景区的特点和游客的需求，进行定制开发的解说系统。系统通常具有独特的设计和功能，能够满足景区的特殊需求，并为游客提供个性化的游览体验。

| 案例 |

滕王阁景区解锁"新玩法"

滕王阁景区推出全新的 AI 导游"王勃"讲解系统，为游客带来更具互动性和更加个性化的参观游览体验。滕王阁 AI 导游系统具备"听、点、拍、问"四大特性，能够自动感应并进行讲解，通过拍照进行图像识别，还可以分区域点选讲解，无论游客走到滕王阁的哪个角落，AI 导游都能自动感应并提供相关讲解，确保每位游客都能获得专属参观体验。AI 导游"王勃"可与游客进行互动问答，带来沉浸式的文化体验。此外，游客向 AI 导游"王勃"输入自己的姓名，AI 导游"王勃"还能即兴创作一首定制藏头诗，让游客感受科技与人文的完美结合。

——资料来源：《南昌日报》

（三）按应用场景划分

1. 室外景区智慧解说系统

其主要应用于户外景区，如国家公园、自然风景区等。系统通常具有地图导航、景点定位、语音解说等功能，帮助游客更好地了解景区的情况。

2. 室内景区智慧解说系统

其主要应用于博物馆、展览馆等室内场所。系统通常具有详细的展品介绍、虚拟漫游等功能，为游客提供更为深入的了解和体验。

三、智慧解说系统设计应用

随着信息技术的高速发展，以及智慧旅游、智慧景区建设的需要，为提高景区服务的质量，智慧旅游解说系统应用场景与范围越加广泛。如故宫"智慧开放项目""庐山一机游""一部手机游云南""君到苏州"等。以故宫"智慧开放"项目为例，系统具备购票、游览行程查询、定位、线路选择、实时客流显示等常用功能，更融合了实景导航、AI 导游等。

| 相关链接 |

一部手机游云南

"一部手机游云南"是由云南省人民政府与腾讯公司联合打造的全域旅游智慧平台，由"一个中心、两个平台构成"。2018 年 10 月 1 日正式上线运行，实现了"一机在手，全程无忧"的目标，是全国最大的景区实时直播平台，全国景区地理信息最全、导游导览提供服务最多的平台，旅游投诉处理最快的平台。出游前，游客可在手机上远程看景点，24 小时实时直播，到达景区后，通过 App、公众号和小程序，就可享受"食、住、行、游、购、娱"各环节"一键订单""一码通行""一键投诉"，享受覆盖旅游之前、当中、其后的全过程、全方位、全景式服务。除此之外，游云南平台还可以帮助游客规划行程、查找厕所、智能订车位和无卡乘坐本地公共交通，旅途中，如果游客的合法权益受损，或者遇到困难和危险，可以一键投诉与求助，实时查看反馈结果。

——资料来源："一部手机游云南"平台

| 推荐体验 |

君到苏州

项目九　解说系统维护与管理

任务布置

选取一类解说系统，制定一套解说系统的维护与管理办法，提高解说系统使用的效率。

任务要求

1. 熟悉解说系统的使用与维护方法。

2. 思考我们应当如何做好解说系统的维护工作。

一、解说系统的使用技巧

作为景区工作人员，学习智慧解说系统的使用技巧对于提升服务质量和游客体验至关重要。

（一）了解系统基础功能

对于景区接待服务的工作人员或景区导游员，首先需要熟悉解说系统界面布局，仔细阅读系统操作手册，了解各个功能模块的分布和名称。在实际使用中，不断熟悉和记忆各个按钮与图标的功能。其次，务必掌握系统的基本操作方法。学会如何启动和关闭系统，以及如何进行基本的设置和调整。了解如何切换不同的语言或讲解员音色，以满足不同游客的需求。

（二）深入学习高级功能

深入学习智能导览功能，学习如何根据游客需求规划个性化游览线路，并实时提供导航服务；掌握如何通过 AR/VR 技术为游客提供沉浸式导览体验；熟悉信息查询功能；掌握如何快速查询景区信息、景点介绍、展览内容的方法，以便及时为游客提供解答。了解如何根据游客的游览历史和偏好，智能推送相关景点信息和活动安排。掌握数据分析和监控功能，学习如何分析游客流量、游览行为和偏好数据，为景区管理提供决策支持。熟悉安全监控和预警功能，及时发现和处理潜在的安全隐患。

（三）实践操作和模拟训练

在实际工作中应当不断使用智慧解说系统，通过实践加深对智慧景区解说系统的认识，能够熟练地操作每一种类型的解说系统。尝试解决各种可能出现的问题，提高应对突发情况的能力。积极参加景区组织的各种使用方法培训与模拟训练活动，模拟真实场景下的游客服务和系统操作。通过模拟训练，检验自己的学习成果和实际操作能力。

（四）持续学习和更新知识

及时关注系统更新和升级，关注智慧解说系统的更新和升级信息，了解新功能和新特性的使用方法。主动积极地参加系统升级后的培训或研讨会，确保自己能够熟练掌握新功能。学习相关的信息技术知识，如大数据分析、人工智能等，以便更好地理解系统的运行原理和优化方法。关注旅游行业的发展趋势和游客需求的变化，及时调整服务策略和方法。

（五）与同事交流和分享经验

在实际工作中遇到问题时，及时与同事沟通并共同解决。参加景区内部的经验分享会或研讨会，分享自己的使用心得和体会。通过撰写文章或制作视频等方式，将自己的经验传播给更多的同事和游客。

综上所述，作为景区工作人员，学习智慧解说系统的使用技巧需要不断实践、持续学习和与同事交流。通过掌握系统的基础和高级功能、进行实践操作和模拟训练、持续学习和更新知识以及与同事交流和分享经验等方法，不断提升自己使用技能。

二、印刷品的维护与管理

（一）制定维护标准

（1）外观整洁：确保印刷品表面无污渍、破损，边缘整齐，文字、图案清晰可辨。

（2）信息准确：检查印刷品上的信息是否准确无误，包括开放时间、票价、服务设施位置等。

（3）时效性：对于有时间限制的印刷品（如活动宣传册），确保内容未过期。

（4）摆放合理：根据游客流线，合理摆放印刷品，方便游客取阅。

（二）明确维护的流程

（1）定期检查：设定固定的检查周期（如每周/每月），对景区内的所有印刷品进行全面检查。

（2）记录问题：对检查中发现的问题进行记录，包括问题类型、位置、严重程度等。

（3）清洁保养：对可清洗的印刷品进行清洁处理，恢复其整洁外观。

（4）更换更新：对损坏严重、信息过时或不符合景区形象的印刷品进行更换或更新。

（5）反馈改进：根据游客反馈或实际需求，对印刷品内容进行优化调整。

（6）监督执行：指定专人负责监督维护工作的执行情况，确保各项措施得到有效落实。

（7）培训提升：定期对负责印刷品维护的人员进行培训，提升其专业技能和责任意识。

三、标识牌的维护管理

（一）维护内容

1. 定期清洁

使用干净的布、海绵或软毛刷定期清洁标识牌表面，避免使用粗糙、磨损性的清洁工具。选择温和的清洁剂或专用清洁剂，避免使用腐蚀性、碱性或酸性的清洁剂，以免损坏标识牌表面。对于亚克力等敏感材质，尤其要注意避免划痕，必要时可用软毛巾蘸肥皂水清洁。

2. 结构检查

定期检查标识牌是否摇晃或损坏，包括固定螺丝是否松动、线路是否正常等。如发现问题，应及时修复或更换，确保标识牌结构稳固，避免安全隐患。

3. 防晒与防尘

长时间暴露在阳光下会导致标识牌褪色、老化，因此可考虑使用防晒涂层或遮阳罩等。在灰尘较多的环境中，应定期清洁标识牌，以防灰尘影响显示效果。

4. 防潮与防腐

对于金属材质的标识牌，应避免潮湿环境，可在潮湿季节加强检查和维护。同时，可采用防腐涂层或选用耐腐蚀的材质，以延长使用寿命。

5. 避免冲击

标识牌应安装在安全的位置，避免受到强烈冲击或碰撞。对于带电的标识牌，还应定期检查电源线、插头等，确保安全使用。

6. 内容更新

如标识标牌内容需要更改，应及时更新，以防止发生混淆或误导，确保标识牌的内容、尺寸等符合相关法规要求。

（二）标识牌更换的标准

景区标识牌是否需要更换，主要从五个方面考虑。

1. 损坏程度

检查标识牌是否有明显的破损、断裂、褪色或变形等情况。如果标识牌损坏严重，影响视觉效果或信息传递，应及时更换。

2. 内容准确性

核对标识牌上的信息是否仍然准确有效。例如，如果景区内的设施或服务已经发生变化，但标识牌上的信息仍未更新，那么这些标识牌就需要被替换以反映最新情况。

3. 使用寿命

考虑标识牌的使用年限。虽然不同材质和工艺的标识牌使用寿命有所不同，但一般而言，经过长时间的风吹日晒雨淋后，标识牌的外观和功能都会有所衰退。根据标识牌的实际使用情况和制造商的建议，可以评估其是否需要更换。

4. 维护情况

如果景区对标识牌的维护不及时或不到位，导致标识牌脏污不堪、难以辨认，那么这些标识牌也需要被更换或进行彻底的清洁和维护。

5. 游客反馈

关注游客对标识牌的反馈意见。如果游客普遍反映标识牌不清晰、不准确或难以找到，那么这可能是标识牌布局不合理或信息表达不当的表现，需要考虑对标识牌进行更换或优化调整。

（三）标识牌的更换周期

1. 材质与耐用性

不同材质的标识牌耐用性不同。例如，金属材质的标识牌相对耐用，而塑料或纸质标识牌可能更容易受环境影响而老化。根据标识牌的材质和制造商提供的耐用性信息，可以初步判断其更换周期。

2. 使用环境

标识牌所处的环境对其使用寿命有很大影响。如果标识牌安装在户外，经常受到风吹日晒雨淋，其更换周期可能会相对较短。相反，室内标识牌的更换周期可能会更长。

3. 维护状况

定期维护和保养可以延长标识牌的使用寿命。如果景区对标识牌的维护得当，及时修复小损坏，那么这些标识牌的更换周期可能会延长。

4. 信息时效性

如果标识牌上的信息需要经常更新，或者景区内的设施、线路等发生变化，那么标识牌的更换周期可能会与这些信息的更新频率相关。

5. 专业评估

景区管理部门可以邀请专业机构或人员对标识牌的使用状况进行评估，根据评估结果确定是否需要更换标识牌。

四、语音导览系统维护与管理

作为景区工作人员，解说系统的维护与管理是我们重要的工作内容。针对语音解说系统，维护与管理工作的内容主要包括五个方面。

（1）设备检查：定期检查语音导览设备的状态，包括耳机、麦克风、扬声器等部件是否完好，以及电池电量是否充足。对于接触不良或损坏的部件，及时进行更换或维修。

（2）软件更新：定期更新语音导览系统的软件，以确保系统的稳定性和功能的完善性。在更新过程中，要注意备份重要数据，以防数据丢失。

（3）内容更新：定期更新语音导览内容，增加新的景点、展品和讲解词，以保持内容的新鲜感和时效性。同时，根据游客或参观者的反馈，对内容进行优化和调整，提高用户满意度。

（4）常见故障排除：在使用过程中，如果遇到语音导览设备无法开机、声音异常等问题，应及时进行故障排除。可以通过检查电源及电池、信号发射器和接收器、扬声器和音频文件等部件来定位问题，并采取相应的解决措施。

（5）安全管理：加强语音导览系统的安全管理，包括设置密码、限制访问权限等措施，以防止未经授权的访问和恶意破坏。同时，定期对系统进行安全检查和漏洞扫描，及时发现并修复潜在的安全风险。

五、智慧解说系统的维护与管理

（一）硬件设备的定期检查与保养

1. 巡检

定期对讲解系统的硬件设备进行巡检，如触摸屏、扬声器、电池等关键部件，确保设备正常运行。对设备进行定期保养，如清洁设备表面、更换电池等，以延长设备使用寿命。

2. 保养

建立设备巡检和保养记录，对发现的问题及时进行处理，确保系统稳定运行。

（二）软件系统的更新与优化

定期检查讲解系统软件版本，及时安装官方发布的安全补丁和更新，以提升系统安全性和稳定性。在更新软件或安装补丁前，进行兼容性测试，确保新版本与硬件设备和其他软件的兼容性。根据游客反馈和需求变化，不断优化软件功能，如增加多语种支持、提升语音合成质量等。

（三）数据备份与恢复

定期备份讲解系统的数据，包括景点信息、语音导览、图片等，以防数据丢失。制定合理的备份策略，如全量备份、增量备份等，确保备份数据的完整性和可用性。定期进行数据恢复演练，确保在发生数据丢失时能够快速、准确地恢复数据。

（四）故障处理与记录

提供客服热线、在线客服等多种咨询方式，方便游客在使用讲解系统时遇到问题能够及时获得帮助。当设备出现故障时，及时进行故障诊断，确定故障原因和范围，为故障处理提供依据。根据故障诊断结果，采取相应的处理措施，如更换故障部件、调整设备参数等，确保设备恢复正常运行。建立故障处理记录，对故障处理过程进行详细记录，为后续故障分析和预防提供参考。

课堂思考

1. 请结合自身谈一谈我们应当如何应对智慧景区与智慧解说系统的变化。

2. 如何提高智慧解说系统的使用技巧？

复习与思考

一、名词解释

1. 解说系统的总体设计

2. 智慧解说系统

二、简答题

1. 简述牌示解说系统设计的方法。

2. 简述录制语音解说的技巧。

3. 简述视频解说视频拍摄的流程与方法。

模块三

案例篇

项目十　故宫博物院

◆ **学习目标**

素质目标

1. 依据景区行业的智慧化发展，树立智慧化发展的意识。

2. 培养学生的数字化意识与主动学习、创新能力。

知识目标

1. 了解博物馆解说系统的发展趋势。

2. 熟悉博物馆解说系统的特点。

3. 熟悉人文类景区解说系统的类型特点。

能力目标

1. 能独立完成博物馆解说系统的调研。

2. 能分析博物馆解说系统的特点。

3. 学习博物馆解说系统的使用技巧。

◆ **知识准备**

博物馆解说系统的发展经历了从传统人工解说到现代科技支持的全过程，逐步提升了参观体验和解说效果。传统的博物馆解说系统主要依赖于讲解员和纸质地图。讲解员数量有限，不能满足大规模参观需求，且讲解时间固定；随着科技的发展，现代博物馆解说系统融入了多种高科技手段，如全息投影技术、增强现实（AR）、虚拟现实（VR）、智能语音讲解等。

任务一　故宫博物院解说系统的认识

任务布置

　　请同学们开展博物馆解说系统的调研，调研渠道可以是官网、小程序、二维码、抖音号、微博号等，调研内容包括向导式解说系统和自导式解说系统，向导式解说系统围绕讲解员数量、语种、专业背景、讲解费用（表格），自导式解说系统的调研围绕以下几个方面：牌示解说系统的类型、数量、位置和内容，信息资料解说系统的旅游地图、旅游指南、画册、明信片和图书等，视听解说的语音、视频（宣传片、短视频），智慧解说系统的 VR、AR、立体 Flash、虚拟漫游等。

任务要求

1. 调研渠道多样化。

2. 现场展示各自调研到的旅游解说系统。

一、简介

　　北京故宫博物院成立于 1925 年 10 月 10 日，是在明清皇宫及其收藏基础上建立起来的集古代建筑群、宫廷收藏、历代文化艺术为一体的大型综合性博物馆，也是中国最大的古代文化艺术博物馆。

　　北京故宫博物院占地 100 余万平方米，保存古建筑约 9000 间，是中国现存规模最大、保存最完整的古代宫殿建筑群。现有藏品总量 180 余万件（套），藏品共分 25 大类别，其中一级藏品 8000 余件（套）。依据不同质地和形式，可分为绘画、书法、碑帖、铜器、金银器等 25 大类，其中珍贵文物占藏品总数的 90%。故宫博物院通过明清皇家宫殿建筑，宫廷史迹原状陈列，珍宝、钟表、书画、陶瓷、雕塑等艺术藏品常设展览，以及每年定期举办临时的专题展览来传承和弘扬中华优秀传统文化。

　　作为世界文化遗产和国家 5A 级旅游景区，故宫吸引了大量国内外游客。游客可以在这里领略中国传统建筑的魅力，感受皇家文化的独特韵味。

| 相关链接 |

博物馆介绍

博物馆，一般是为社会服务的非营利性常设机构，主要研究、收藏、保护、阐释和展示物质与非物质遗产。

截至 2022 年年底全国已备案博物馆达 6565 家，中国 90% 以上博物馆实现免费开放。2024 年 5 月 18 日，国家文物局发布最新数据显示，2023 年中国博物馆接待观众 12.9 亿人次，创历史新高；举办展览 4 万余个、教育活动 38 万余场；全年新增备案博物馆 268 家，全国备案博物馆达到 6833 家。博物馆等级从高到低依次划分为一级、二级、三级。

——资料来源：百度百科

二、故宫博物院解说系统的类型

（一）人工解说

1. 导游讲解

导游是故宫最常见的人工解说类型。专业的导游经过系统的培训，对故宫的历史、文化、建筑等有着深入的了解。他们能够根据游客的需求和兴趣，灵活调整解说内容。例如，对于历史文化爱好者，导游可以深入讲述故宫的建造背景、朝代更迭中的作用等。像故宫始建于明朝永乐四年（1406 年），是在元大都宫殿的基础上兴建的，历经十四年建成，永乐十八年（1420 年）竣工。导游可以详细描述当时的建造工程规模之大，动用了大量的人力、物力，从全国各地征集建筑材料等情况。

在建筑方面，导游可以生动地介绍故宫的三大殿——太和殿、中和殿、保和殿。太和殿是故宫中最大的宫殿建筑，俗称"金銮殿"，导游会讲述其在古代封建王朝中的重要象征意义，如举行重大典礼的场所，皇帝登基、大婚等都在此处。同时，导游还能解释建筑的结构特色，像太和殿的重檐庑殿顶，这种屋顶形式是古建筑中等级最高的，体现了皇权的至高无上。导游会带领游客穿梭于各个宫殿之间，边走边讲，让游客仿佛穿越回古代，感受到宫廷生活的氛围。

2. 志愿者解说

故宫的志愿者解说也是人工解说系统的重要组成部分。这些志愿者大多是对故宫文化充满热爱的人士，他们利用自己的业余时间为游客提供免费的解说服务。志愿者的解说风格可能更加亲切、贴近大众。他们会分享一些有趣的故宫小故事，如故宫中的一些小神兽的寓意。故宫屋脊上常常装饰着各种小神兽，如龙象征着皇权、尊贵，凤象征着祥瑞、高贵，狮子象征着威严等。志愿者的解说能让游客从不同的角度了解故宫，增加游客对故宫的亲近感。

（二）电子语音导览

1. 租用设备

故宫提供租用的电子语音导览设备。这种设备操作简单，游客在景区入口或指定地点租用后，就可以在游览过程中使用。电子语音导览包含多种语言版本，能够满足国内外不同游客的需求。根据故宫的不同区域，如外朝、内廷等进行分区解说。例如，当游客进入太和门广场区域时，语音导览会介绍这个广场的布局意义，这里是故宫前朝的重要空间，曾经举行过各种盛大的仪式，如皇帝出征前的阅兵仪式等。

语音导览的内容详细而丰富，对于故宫的文物陈列也有很好的解说。在故宫的各个宫殿内有大量的文物展示，语音导览可以对这些文物的年代、用途、艺术价值等进行深入解读。如在钟表馆中，面对各种精美的宫廷钟表，语音导览会介绍这些钟表的制作工艺，有的是来自国外的进贡品，融合了中西方的艺术特色，体现了当时的中外文化交流情况。

2. 手机 App 语音导览

随着智能手机的普及，故宫推出了手机 App 语音导览。这种导览方式更加便捷，游客无须租用额外的设备。App 中的语音导览除了具备基本的语音解说功能外，还有一些特色功能。例如，它可以与手机的定位系统相结合，当游客靠近某个景点时自动播放相关的解说内容。App 还能提供一些互动功能，如游客可以在 App 上标记自己感兴趣的景点，与其他游客分享自己的游览心得。此外，手机 App 语音导览还能够及时更新内容，当故宫有新的文物展出或者新的研究成果时，可以迅速在 App 上体现出来，让游客获取最新的信息。

（三）多媒体解说

1. 数字展厅解说

故宫的数字展厅是现代科技与传统文化相结合的产物。在数字展厅内，通过多媒体手段对故宫进行解说。例如，利用高清大屏幕展示故宫的全景图，游客可以通过触摸屏幕放大或缩小画面，查看故宫不同区域的细节。同时，数字展厅内还有3D建模展示故宫的建筑结构，游客可以从不同的角度观察宫殿的内部构造，了解古代建筑的精妙之处。对于故宫中的文物，数字展厅也有独特的解说方式，如利用虚拟现实（VR）技术，让游客仿佛置身于文物的制作现场，了解文物的制作过程。

2. 线上平台解说

故宫的官方网站和社交媒体平台也承担着解说的功能。官方网站上有丰富的图文资料对故宫进行全面的介绍，从故宫的历史发展脉络到每一个宫殿、每一件文物都有详细的文字描述和高清图片展示。社交媒体平台上，故宫博物院会定期发布一些关于故宫的小知识、小故事等，以一种轻松、易懂的方式向公众解说故宫。例如，通过微博、抖音等平台发布一些短视频，介绍故宫的四季之美，春天的繁花盛开、夏天的绿树成荫、秋天的银杏金黄、冬天的白雪皑皑，让更多的人了解故宫不仅仅是一座古老的宫殿建筑群，也是一个充满生命力和魅力的文化空间。

故宫景区的解说系统通过多种类型的结合，为游客提供全方位、多层次地了解故宫的途径，无论是实地游览还是线上参观，都能让人们深入领略故宫博大精深的文化内涵。

任务二 故宫解说系统设计的特点

一、文化传播方面

（一）深度与广度的结合

故宫的解说系统在文化传播上做到了深度和广度的有效结合。从广度而言，它涵盖了故宫建筑、历史沿革、宫廷文化、文物收藏等多方面的内容。例如，对于故宫的建筑布局，解说系统不仅介绍了三大殿、后三宫等主要建筑的名称和功能，还详细讲述了这些建筑背后的风水理念、建筑艺术特色等。使游客能够从宏观上对故宫的整体布局有全面的认识。

在深度方面，对于一些特定的文物或建筑细节，解说深入挖掘其背后的历史故事和文化内涵。例如，太和殿中的龙纹装饰，解说系统会详细讲解龙在古代中国皇权象征中的地位，龙纹的不同形态所代表的意义，以及太和殿龙纹装饰在整个中国古代建筑装饰文化中的独特性。这种深度的解读有助于游客更好地理解故宫深厚的文化底蕴。

（二）文化传承的准确性

故宫解说系统的内容准确性极高。无论是对于历史事件的叙述，还是对于文物的介绍，都经过了严格的考证。例如，在介绍故宫文物的年代、出处、制作工艺等方面，解说依据可靠的考古研究和历史文献，确保了故宫文化在传播过程中不走样，原汁原味地传承下去。同时，准确的解说也有助于提升游客对故宫文化的尊重和信任。

二、游客体验方面

（一）多渠道的解说方式

故宫为游客提供了多种解说渠道。有传统的导游讲解，导游经过专业培训，能够生动、详细地为游客讲述故宫的故事。此外，还有语音导览设备可供租用。语音导览设备操作方便，游客可以根据自己的节奏选择想要了解的景点进行解说收听。这种多渠道的解说方式满足了不同游客的需求。例如，喜欢与他人互动、深入交流的游客可能会选择导游讲解，而那些喜欢自由探索、按照自己节奏游览的游客则更倾向于语音导览。

近年来，故宫还推出了手机 App 解说服务。这一方式更加符合现代游客的使用习惯，游客可以使用自己的手机随时随地获取解说内容，并且 App 中还包含一些互动功能，如文物的 3D 展示、虚拟游览等，进一步提升了游客的体验。

（二）游客引导性

故宫的解说系统具有很强的游客引导性。从游客进入故宫开始，解说内容就按照合理的游览线路进行编排。它会提示游客下一个景点的位置、特色以及与当前景点的关联。例如，在游览完太和殿后，解说会引导游客前往中和殿，并介绍中和殿在故宫整体布局中的过渡作用以及其独特的建筑和文化意义。这种引导性有助于游客更加高效、有序地游览故宫，避免游客在庞大的故宫建筑群中迷失方向或错过重要景点。

三、技术应用方面

（一）现代技术与传统文化的融合

故宫解说系统巧妙地融合了现代技术与传统文化。例如，在语音导览和手机 App 解说中，采用了先进的语音合成技术，使解说声音清晰、自然。同时，利用多媒体技术，在解说中融入了图片、视频等元素。如在介绍故宫的宫廷生活场景时，通过播放动画视频，生动地展现了古代皇帝和后妃们的起居、礼仪等场景，让游客有更直观的感受。

此外，虚拟现实（VR）和增强现实（AR）技术也开始在故宫解说系统中得到应用。游客可以通过 VR 技术虚拟游览故宫未开放的区域，或者通过 AR 技术在参观文物时看到文物的修复过程等虚拟场景叠加在现实文物之上，这种现代技术与传统文化的融合为游客带来了全新的游览体验。

（二）数字化管理与更新

故宫解说系统的数字化管理使得内容更新更加便捷。随着考古研究的不断深入和对故宫文化理解的加深，解说内容需要不断更新。数字化的解说系统可以方便地对内容进行修改、补充和完善。例如，当有新的文物研究成果出现时，可以及时将相关信息添加到解说系统中，确保游客接收到最新、最准确的故宫文化信息。

四、教育意义方面

（一）知识普及

故宫解说系统对于知识普及具有重要意义。面向不同年龄段、不同知识背景的游客，将复杂的故宫文化知识以通俗易懂的方式进行讲解。对于儿童游客，解说系统采用更加生动有趣的方式，如讲述故宫神兽的故事等，激发他们对历史文化的兴趣。对于专业的历史文化研究者，解说系统提供了深入的研究资料和不同的学术观点，有助于他们进一步深入研究故宫文化。

在学校教育方面，故宫解说系统也可以作为一种课外教育资源。学校可以组织学生参观故宫，并利用解说系统进行实地教学，使学生在亲身感受故宫建筑和文物的同时，学到丰富的历史文化知识。

（二）文化认同感的培养

故宫解说系统通过对故宫文化的深入解读和全面展示，有助于培养游客的文化认同感。当游客了解到故宫所代表的中国古代皇家文化的辉煌、建筑艺术的高超以及文物收藏的丰富时，会对中国传统文化产生深深的自豪感和认同感。这种文化认同感不仅对于国内游客有重要意义，对于国际游客来说也是了解中国文化的一个重要窗口，有助于提升中国文化在国际上的影响力。

综上所述，故宫解说系统在文化传播、游客体验、技术应用和教育意义等多方面都具有众多优点，为故宫文化的传承和推广发挥着不可替代的作用。

任务三　全景故宫

一、全景故宫智慧解说系统介绍

全景故宫项目是故宫博物院的一项创新智慧旅游项目，首次上线时间在 2015 年 12 月，2017 年进行了优化升级，进一步提升了高清全景图的品质，优化了地图及定位导航功能，新增了慈宁宫及慈宁花园、寿康宫、养心殿、珍宝馆等区域，基本覆盖了所有开放区域。

全景故宫（VR）运用全景摄影技术和三维建模，将故宫博物院的古建筑外景与原状陈列内景制作成 720° 4K 高清全景照片，组成一个个故宫全景场景。照片不仅覆盖了故宫的主要建筑，如太和殿、中和殿、保和殿等，还包括一些较少被访问的区域，如御花园、延禧宫等，还融入了故宫的文化知识，使观众在游览的同时能够深入了解故宫的历史和文化背景。三维建模则让太和殿的立体结构在虚拟空间中精确复现，使得游客可以在任何角度观察这座建筑的宏伟。游客可以随时随地通过电脑、手机等设备浏览故宫的各个角落，获得沉浸式的游览体验。

全景故宫项目的影响和意义在于它极大地丰富了人们了解和学习故宫文化的途径。

二、全景故宫的主要功能

全景故宫不仅提供了高清全景图的浏览，还集成了多种实用功能，如地图导航、实时定位、语音导览等，使游客可以获得沉浸式的故宫游览体验。此外，全景故宫还新增了宫区划分、搜索直达、历史影像展示等多项功能，提高了便利性与互动性。

（一）高清全景图浏览

游客可以通过全景故宫浏览故宫的全景图，包括前三殿、后三宫等主要宫殿，以及慈宁宫及慈宁花园、寿康宫、养心殿、珍宝馆等区域。

（二）实时定位和导航

在参观过程中，用户可以通过应用获取实时定位，了解当前位置以及目标宫殿的位置，方便用户规划线路和前往目的地。

（三）语音导览

游客可以通过语音导览了解每一座宫殿的历史和文化背景，增强游览的互动性和教育意义。

（四）多语种支持

全景故宫支持多语种展示，满足不同语言背景游客的需求。

（五）历史影像展示

导览中还包含了历史影像功能，用户可以观看故宫的历史影像资料，更好地了解故宫的历史变迁。

（六）宫区划分和搜索直达

新版的全景故宫增加了宫区划分和搜索直达功能，使用户能够更方便地找到自己感兴趣的区域和展品。

| 推荐观看 |

故宫博物院官网

项目十一 重庆中国三峡博物馆

◆知识准备

我国博物馆向智慧化的转化经历了信息化、数字化、智能化、智慧化四个阶段。信息化侧重于博物馆业务信息系统的搭建与管理；数字化侧重于数字资源和数字信息的建设与利用；智能化是实现对博物馆中的人、物的信息的动态感知，并通过网络进行汇集，建立相互之间的信息交互和远程控制机制，实现对博物馆服务、保护和管理的智能化控制和优化；智慧化是在智能化的基础上实现博物馆与社会的高度融合。

— 任务一 重庆中国三峡博物馆景区解说系统的认识 —

任务布置

请同学们查阅重庆中国三峡博物馆解说系统的类型，并以该博物馆为例，分析博物馆解说系统的发展变化，讨论博物馆解说系统未来的发展趋势，并以图文并茂的方式在班级进行分享。

任务要求

1. 任务以小组合作的方式完成。

2. 重点分析博物馆解说系统的发展变化趋势。

一、简介

重庆中国三峡博物馆是一座集巴渝文化、三峡文化、抗战文化、移民文化和城市文化等为特色的历史艺术类综合性博物馆，是中央地方共建国家级博物馆、国家文化和科技融合示范基地、首批国家一级博物馆、全国最具创新力博物馆、国家文物局重点科研基地、全国爱国主义教育示范基地、全国科普教育基地、全国青少年教育基地、海峡两岸文化交流基地、全国古籍重点保护单位等。其前身为 1951 年成立的西南博物院，1955 年因西南大区撤销更名为重庆市博物馆，2000 年为承担三峡文物保护工程的大量珍贵文物抢救、展示和研究工作，经国务院办公厅批准设立重庆中国三峡博物馆。

馆舍由主馆、重庆白鹤梁水下博物馆、重庆宋庆龄纪念馆、涂山窑遗址、重庆三峡文物科技保护基地五个场馆组成，占地面积 5 万平方米，建筑面积 7.17 万平方米，展厅面积 2.7 万平方米，年均服务观众超 300 万人次。主馆于 2005 年 6 月 18 日正式对外开放，位于重庆市渝中区人民路 236 号，与相邻的重庆市人民广场、人民大礼堂共同形成"三位一体"的城市标志性建筑群。

全馆现有馆藏文物 11.5 万余件套（单件超 28 万件），珍贵古籍善本 1.8 万余册，涵盖 23 个文物门类，形成了以"古人类标本、三峡文物、巴渝青铜器、汉代文物、西南民族文物、大后方抗战文物、瓷器、书画、古琴"等特色藏品系列。常设"壮丽三峡""远古巴渝""重庆·城市之路""抗战岁月""宋庆龄与保卫中国同盟文物资料陈列""白鹤梁水下博物馆基本陈列"等展览 13 个，年均推出临时展览 20 ~ 30个，加以《重庆大轰炸》半景画演示、《大三峡》环幕电影、三峡大坝数字沙盘、互动展示魔墙四大展示亮点。

二、解说系统的特点

（一）智慧化

从重庆中国三峡博物馆解说系统的类型发现，博物馆智慧解说系统充分运用了三维扫描、虚拟现实（VR）、增强现实（AR）、虚拟全景技术、互动魔墙展示、LED大屏传播、数字沙盘等技术手段，将重庆中国三峡博物馆静态的文物资源动态化。将隐形的历史地理文化资源进行还原，突破时间、空间和传播形式的限制，大幅度提升了展览展示效果，全面提升智慧化管理、服务和展示水平，为观众提供更加优质的智慧化导览服务。

例如，重庆中国三峡博物馆中的重庆老地图混合现实（MR）体验系统。在"重庆·城市之路"展厅的一角陈列有一张晚清时期的地图《增广重庆地舆全图》，地图展示了重庆当时的城市布局与功能分区，历史信息丰富。重庆中国三峡博物馆将 AR 技术和 VR 技术的 MR 技术应用到了这幅珍贵地图的参观体验中。观众通过 HoloLens 全息设备，可置身于晚清时期的街道、店铺、码头等场景中，通过人、场景、真实文物、虚拟内容等之间的融合和互动，生动展示文物背后的故事，打造了新颖的交互式参观模式。通过 MR 全息技术，观众能够全方位、多角度地感受立体、逼真的场景，充分呈现出老重庆风貌，增强现实事物本身的表现力和感染力，激发观众接受事物的积极性。

（二）沉浸化

以白鹤梁水下博物馆 VR 项目为例。白鹤梁水下博物馆 VR 展示由三个部分组成。第一部分"白鹤梁的由来"：观众穿越回古代，乘船行驶在如诗如画的长江江面，欣赏"尔朱真人成仙""诗人提笔白鹤梁"等场景。第二部分"伟大工程"：再现白鹤梁水下博物馆的建造过程，场面宏大，令人震撼。第三部分"水下畅游"：观众化身"潜水员"，与水下题刻零距离接触，与长江珍稀鱼类嬉戏。

通过现代科技与古代文明的碰撞、交融，实现古与今、自然与科技的完美结合，给观众带来前所未有的奇妙体验。设计有 VR 眼镜解说系统。利用 VR 眼镜，游客可以身临其境踏上白鹤梁体验之旅。观众穿越回古代，乘船行驶在如诗如画的长江江面，靠近白鹤飞舞的白鹤梁，欣赏"尔朱真人成仙""诗人提笔白鹤梁"等场景。还可以化身"潜水员"，与水下题刻零距离接触，与长江珍稀鱼类嬉戏，体验如梦似幻的水下奇观。

（三）互动与便利性

互动展示魔墙是重庆中国三峡博物馆中极具特色的解说系统，这一解说系统从多个维度展示文物信息，包括文字、图片、视频及 360° 高度还原 3D 数据，并可同时供多人查询。魔墙多屏展示不断变化和滚动的藏品图片，并自动推荐最受欢迎的藏品。观众可在全高清触控大屏上搜索、点击查看藏品图片，为喜欢的文物点赞，还能查阅同类藏品。参观者还可以通过扫描二维码的方式，随时把精美的文物图片下载到自己的移动设备上，把喜欢的文物"带回家"。互动魔墙还集中展示了重庆市全国重点文物保护单位信息，方便观众查询、浏览。

三、解说系统设计的原则

重庆中国三峡博物馆解说系统主要遵循了"立足实际、体现特色、满足功能、持续发展"的设计原则。

（一）立足实际

强调根据博物馆的实际情况和资源条件，合理规划和设计解说系统，确保其可行性和实用性。

（二）体现特色

突出博物馆的文化特色和地域特色，通过解说系统展现巴渝文化、三峡文化等特色，观众能够深刻感受到文化的独特性。

（三）满足功能

确保解说系统能够满足博物馆的基本功能需求，包括信息传递、教育普及等，同时也要满足观众的参观需求，提供良好的参观体验。

（四）持续发展

在设计解说系统时，考虑到博物馆的长期发展需求，确保系统的可扩展性和兼容性，以便随着技术和需求的变化进行相应的更新和升级。

— 任务二　重庆中国三峡博物馆无障碍解说系统的特点 —

一、无障碍展品说明牌

重庆中国三峡博物馆三峡文物科技保护基地推出"不问不知——博物馆里的为什么"无障碍互动体验展。在等比例缩小的文物复制品上，设置由盲文、中文和二维码语音讲解组成的展品说明牌，让视障人士以触觉、听觉等感知方式了解文物背后的故事。

二、手语解说系统

为使听障人士平等充分参与社会生活，共享全面建成小康社会的发展成果，同时提升博物馆服务均等化水平，促进残疾人文化、教育事业的繁荣与发展。重庆中国三峡博物馆推出了文物手语讲解项目，含博物馆总体介绍1个，"壮丽三峡""重庆城市之路""远古巴渝""抗战岁月"基本陈列总体介绍4个，十大镇馆之宝在内的精品文物30个，每个时长5 ~ 7分钟不等。这些手语讲解视频极大地展现了重庆中国三峡博物馆无障碍解说系统的意义。

这是一份诚意满满的"手说史物"，三峡博物馆希望听障观众可以通过手语、汉语、书面语等多语言模式来辅助进一步准确理解世界的多彩、文物的魅力、文化的璀璨。

（一）画面清新

以壮丽山河为开屏设计，以博物馆主体建筑和镇馆之宝乌杨阙为导入画面，让观众脑海迅速形成对博物馆建筑物及主要文物的第一印象。整体设计采用青铜风格的青蓝色、铜金色，视觉效果协调亮丽，风格清晰、和谐、独特。

（二）设计专业

由10多名手语聋人及5名手语专家共同完成手语翻译和制作，出镜手语讲解员均为中国手语聋人。手语讲解使用已有国家通用手语词汇，同时针对无法对应的词汇，讨论筛选出代表国内大多数聋人常用的共同手语，有效避免出现大量类似中式英语的"手势汉语"现象。

（三）创新互动

片尾创新设置趣味竞答环节，以手语结合动画表现形式为观众揭开文物奥秘，让观众享受沉浸式的轻松文化体验，这种寓教于乐的模式能够加深观众对文物特征、手语文化两个方面的印象及认识。当然，还有一些惊喜的创意隐藏在视频角落里，期待有心的观众留意发现。

（四）制作精良

采用"手、字、音、画"综合模式实现图文并茂，全景图、静态图、动态图贯穿讲解，运用动画技术标注文物细节特征，全片中文旁白配音，通俗易懂、形象生动，满足听障和健全观众共同赏析的需求。

课堂思考

1. 通过对重庆中国三峡博物馆解说系统的线上体验，请同学们谈一谈感受。

2. 说一说解说系统的意义与现状。

| 相关链接 |

博物馆讲解员的工作职责

（一）负责馆内、馆外常设展览和临展的讲解接待工作。

（二）负责多元化导览解说词撰写，各类短视频或讲解拍摄，各类展览语音导览录制。

（三）参加各类讲解专业比赛，参与志愿者管理工作。

（四）各类社会教育实践活动策划、组织、实施以及材料文字撰写工作。

| 推荐学习 |

利用官网、公众号、官方抖音、官方微博，调研故宫博物院、中国国家博物馆、河南博物院、重庆中国三峡博物馆、三星堆博物馆的解说系统。

项目十二　大足石刻

◆ **知识准备**

　　大足石刻博物馆作为国家一级博物馆，其智慧化程度较高。尤其是大足石刻数字博物馆自 2024 年 1 月 30 日上线以来，成为展示世界文化遗产大足石刻艺术及石窟保护、研究、传承利用成果的全新平台。

任务一　大足石刻景区解说系统的认识

任务布置

　　请同学们以大足石刻景区为例，录制一段大足石刻景区的解说视频。

任务要求

1. 观看博物馆讲解员的解说视频，学习解说的技巧。

2. 视频时长控制在 6 ~ 8 分钟。

3. 选取一处景观进行重点讲解。

一、简介

　　大足石刻位于重庆市大足区境内，是大足区境内 141 处摩崖造像的总称。石窟造像与山西大同云冈石窟、河南洛阳龙门石窟和甘肃敦煌莫高窟齐名。

　　大足石刻始建于初唐，鼎盛于两宋，是集儒、释、道三教造像于一体的大型石窟造像群，共有造像 141 处 5 万余尊，以宝顶山、北山、南山、石门山、石篆山 5 处石窟最具特色，代表了 9—13 世纪世界石窟艺术的最高水平，是人类石窟艺术史上最后的丰碑，1999 年 12 月在中国石窟序列中继敦煌莫高窟之后被列入《世界遗产名录》。

宝顶山石刻景区包括圣寿寺、广大寺等千年古刹，以及大足石刻博物馆、老街、仿宋街等文博展馆和购物街区，是集观光、旅游、度假于一体的世界遗产地特色文化景区。

北山石刻位于大足城北 1.5 千米处的北山。自晚唐景福元年（892 年）开凿，历经五代、两宋、明清方具现存规模。北山石刻多表现为摩崖造像，有少量石窟造像，造像主要集中于北山佛湾，周边分布有佛耳岩、观音坡、营盘坡及多宝塔等多处零散造像，各类大小造像近万尊，并以其雕刻细腻、精美典雅著称于世，集中展示了晚唐至两宋时期巴蜀石窟艺术风格的发展和变化。

南山古名广华山，距大足城南约 2 千米。山顶有庙，名玉皇观，风景清幽，修篁夹道，林木葱茏，绿树环绕，历来有文人墨客在此追凉品茗、吟咏唱和，故有"南山翠屏"之雅号。南山石刻坐落在风景如画的南山之巅，开凿于南宋绍兴年间（1131—1162 年），明清两代稍有增补，有造像 4 窟，碑碣 3 块，题记 11 则，以三清洞为中心，沿崖壁分别向东西开凿真武大帝、三圣母、龙洞等龛窟。除造像外，南山宋代、明代、清代的碑刻题铭也具有极高的书法艺术价值。

石门山石刻位于大足城区东南 20 千米的石马镇，开凿于北宋绍圣至南宋绍兴年间（1094—1162 年），清代时有少量增刻。造像布置于山顶东侧、西侧和南侧三个相对独立的岩体崖壁上，共编 22 号龛。此处为释、道合一造像区，尤以道教造像最具特色，故在淳熙九年（1182 年）邓栻书《石门洞碑》称："像无定刻，或仙或释，或诸鬼神，千百变见，混为一区。"

石篆山石刻位于大足西南 20 千米处的三驱镇佛会村。据宋碑和纪年造像镌刻，石篆山石刻由庄园主严逊于北宋元丰五年至绍圣三年间（1082—1096 年）主持开凿，相传是蜀中名僧希昼禅师的开山道场。造像为典型的释、道、儒"三教"合祀造像区。石窟附近另有石塔、摩崖造像、碑碣等。山顶修建佛会寺，今存有"佛会寺"建筑，乃元季兵燹后于明永乐年间重修。

二、大足石刻解说系统的类型

大足石刻作为世界文化遗产、国家 5A 级旅游景区，解说系统类型丰富。最具代表意义的解说系统有 VR 实景游览、3D 建模与新全景技术、学术资源库、数字展厅、智慧导览小程序等。

（1）VR 实景游览。大足石刻景区利用数字化技术，使游客可以在电脑或移动端进入 VR 实景，线上游览大足石刻"五山"（宝顶山、北山、南山、石门山、石篆山石刻）等。游客可自由切换不同场景，聆听景点语音讲解，也可在 VR 模式下沉浸式体验。

（2）3D 建模与新全景技术。对几十件可移动文物采用 3D 建模与新全景相结合的技术，提供 360°观赏文物的全新体验。

（3）学术资源库。这是首个大足石刻学术成果数字化共享平台，实现了图书、图片、论文、视频、洞窟等数字资源的集中管理和高效利用。

（4）数字展厅。线上参观大足石刻博物馆基本陈列展览和临时展览。

（5）智慧导览小程序。小程序提供了专属导览工具，程序内嵌入了手绘地图，实现景区内地图导航。游客可通过手机登录微信小程序免费收听或观看，了解石窟历史和文化背景，让游客充分享受数字技术带来的便捷性和趣味性。

——— 任务二 大足石刻智慧解说系统的特点 ———

一、大足石刻数字博物馆解说系统

大足石刻数字博物馆是展示世界文化遗产大足石刻艺术及石窟保护、研究、传承利用成果的全新解说平台。平台通过数字化技术让文物"活"起来，唤醒千年石刻的新生机、呈现石窟艺术的新魅力、满足公众对文化遗产的新需求。

大足石刻数字博物馆主要由全景大足、数字展厅、大宝楼阁、学术资源库四个部分组成。全景大足主要呈现宝顶山、北山、南山、石门山、石篆山"五山"数字化云游，游客可利用网页端或移动端进入 VR 实景云游。大宝楼阁主要运用 3D 建模与新全景结合的技术，建立文物的三维模型，游客利用网页端可以实现 360°观赏文物的全新体验。"学术资源库"依托图书、图片、论文、视频和龛窟五种载体，全面、翔实地记录、展示了大足石刻的知识。数字展厅主要用于游客线上参观大足石刻博物馆的基本陈列展览和临时展览。

二、"云游·大足石刻"

"云游·大足石刻"是由大足石刻研究院联合中国移动咪咕、海马云，通过近两年时间，共同打造完成的数字化解说系统。游客可以通过电脑登录"云游·大足石刻"主页进行游览，也可以通过手机下载"云游·大足石刻"应用进行游览。

"云游·大足石刻"数字化解说系统通过数字孪生、实时云渲染、边缘云计算、数字虚拟人等前沿数字信息技术，打造集文化性、观赏性、互动性、趣味性为一体的云端数字体验景区，实现"线上云游、线下体验"旅游新方式。

线上云游中，游客可通过"自动导览"和"自由游览"两种模式沉浸式体验大足石刻景区。"自动导览"模式下，游客无须操作，在导览精灵的陪同下，就可游览整个大足石刻数字景区；在"自由游览"模式下，游客可以自由走动或跑动，还可以实现第一人称视角与第三人称视角切换，也可以通过点击地图上的标识点直接传送至目的地。

线上游览过程中，游客可以通过虚拟服饰、手指操控、虚拟专业导览等方式，体验大足石刻景区春夏秋冬四季的不同景色，观赏大足石刻的每尊雕像和景观，开展景区探索之旅。此外，游客可以在云端文创商店中购买数字纪念藏品，线上体验放孔明灯，感悟"文旅+元宇宙"的场景。

三、大足石刻微信小程序导览

大足石刻微信小程序导览功能完善，操作切换流畅，界面美观，智慧化程度高。主界面有智慧导览、云游大足两部分内容，全面嵌入了云游大足石刻的内容。其中，智慧导览具有免费讲解、360°云游、线路导览、购票及其周边介绍等功能，融合景点、讲解、售检票、游客中心、停车场、卫生间、观光车、旅游巴士、出入口、餐饮、文创、住宿、手绘图等丰富的内容。

以大足石刻博物馆为例，提供有中文、英文、少儿、手语四类语音讲解方式，在讲解时长、讲解内容、呈现方式、讲解风格等方面，充分考虑了游客的差异化需求。如中文版讲解时长在 1 分 48 秒，内容具有专业性、丰富性，讲解节奏适中；少儿版讲解时长在 31 秒，内容以科普性为主；手语版在 4 分 21 秒，以丰富的手语与表情语言，传递了大足石刻博物馆深厚的历史文化。

项目十三　九寨沟

◆ **知识准备**

景区的解说方式有多种类型，不同的解说方式产生不同的解说效果。合理地使用解说系统，对传递景区文化、提高景区服务质量、树立景区形象具有重要的意义。

任务一　九寨沟景区解说系统的认识

任务布置

请同学们以九寨沟景区为例，从牌示解说、语音解说、视频解说、智慧解说四个方面，调研景区解说系统的类型与现状，总结九寨沟景区解说系统的特点，分析九寨沟景区解说的优势。

任务要求

1. 以 PPT 的形式进行调研结论的汇报。
2. 调研结论中需有数据支撑。

一、简介

九寨沟位于四川省西北部岷山山脉南段的阿坝藏族羌族自治州九寨沟县漳扎镇境内，地处岷山南段弓杠岭的东北侧。距离成都市 400 多千米，系长江水系嘉陵江上游白水江源头的一条大支沟。九寨沟自然保护区地势南高北低，山谷深切，高低悬殊。北缘九寨沟口海拔仅 2000 米，中部峰岭均在 4000 米以上，南缘在 4500 米以上，主沟长 30 多千米。九寨沟是世界自然遗产、国家级风景名胜区、国家 5A 级旅游景区、国家级自然保护区、国家地质公园、联合国"人与生物圈"保护区网络，也是中国第一个以保护自然风景为主要目的的自然保护区。

九寨沟景区动植物资源丰富，具有极高的生态保护、科学研究和美学旅游价值。景区内生物多样性丰富，物种珍稀性突出。九寨沟的"六绝"景观包括高山湖泊群、瀑布、彩林、雪峰、蓝冰和藏族风情，被世人誉为"童话世界"，号称"水景之王"。九寨沟还是以地质遗迹钙华湖泊、滩流、瀑布景观、岩溶水系统和森林生态系统为主要保护对象的国家地质公园，具有极高的科研价值。

二、九寨沟解说系统的类型

（一）导游解说

1. 专职导游

在九寨沟景区，专业导游是一种非常重要的人员解说类型。他们经过专业的培训，对九寨沟的地质地貌、生态系统、文化历史等方面有着深入的了解。例如，导游可以详细地向游客讲解九寨沟独特的"六绝"——翠湖、叠瀑、彩林、雪峰、藏情、蓝冰形成的原因。对于翠湖，导游会解释这是由于九寨沟的岩溶地貌，地下的碳酸钙质、有机物、浮游生物等在湖底沉淀，加上湖水对太阳光的散射、反射和吸收等光学原理，使得湖水呈现出五彩斑斓的颜色。

2. 兼职导游

除了专职导游，景区工作人员有时也会兼任导游角色。他们可能在特定区域为游客提供简单的讲解服务。例如，在一些观景台附近，工作人员会向游客介绍眼前瀑布或者湖泊的特点，这种讲解可能没有专业导游那么全面深入，但却能在游客最需要的时候提供及时的信息，满足游客的基本求知欲。

（二）志愿者解说

九寨沟景区有时也会有志愿者提供解说服务。这些志愿者往往对九寨沟非常热爱，并且具有相关知识储备。他们可能是环保志愿者，在讲解过程中会更侧重于景区的生态保护方面。例如，他们会向游客讲解保护九寨沟水源的重要性，因为九寨沟的湖泊和瀑布都依赖于高山上的冰雪融水和降雨，一旦水源受到污染，整个景区的生态系统将会遭受严重破坏。志愿者的解说还可以拉近游客与景区的距离，让游客感受到公众参与景区保护的热情和责任感。

（三）非人员解说

1. 景点指示牌

九寨沟景区内遍布景点指示牌。这些指示牌简洁明了地标明了各个景点的名称和方向。例如，在岔路口处，指示牌会清楚地指出前往五花海、珍珠滩瀑布等景点的路径，方便游客自主规划游览线路。指示牌的设计通常会与景区的自然环境相融合，采用木质或者石材等自然材质，颜色也比较淡雅，不会过于突兀地破坏景区的美感。

2. 景点解说牌

景点解说牌是游客获取景区信息的重要来源。在每个主要景点附近都会设置解说牌，详细介绍了景点的基本情况。比如在镜海旁的解说牌，会解释镜海名称的由来，是因为湖面平静如镜，能够清晰地倒映出周围的山峰、蓝天和白云。同时，解说牌还会提供一些科学知识，如镜海的水深、面积等数据，以及它在九寨沟生态系统中的作用，如为众多水生生物提供栖息地等。

3. 景区 App

九寨沟景区官方 App 是一种现代化的多媒体解说方式。它提供了景区的地图导航、景点语音讲解等功能。语音讲解有多种语言版本可供选择，满足不同国籍游客的需求。通过 App，游客可以根据自己的游览进度随时点击听取相应景点的讲解，还可以查看景区内实时的人流量信息，合理安排游览时间。

4. 电子触摸屏

在景区游客中心或者部分休息区设置了电子触摸屏。这些触摸屏内容丰富，包含了九寨沟的全景展示、各个景点的 3D 模型、历史文化介绍以及生态保护知识等。游客可以通过触摸屏幕进行自主查询，深入了解自己感兴趣的内容。例如，游客可以在触摸屏上观看九寨沟在不同季节的视频，提前了解每个季节的特色景观，为自己的下次游览做好规划。

5. 景区广播

九寨沟景区广播也是多媒体解说系统的一部分。它会在特定的时间播放一些关于景区的基本信息，如景区的开放时间、紧急通知等。在一些特殊的季节或者活动期间，广播还会介绍景区内正在举办的活动，如藏族传统节日庆典等，吸引游客前往参与并提供相关背景知识介绍。

6. 出版物

九寨沟景区的宣传册是一种传统的出版物解说方式。宣传册印刷精美，内容涵盖了景区的概况、主要景点的图片和文字介绍、旅游线路推荐以及景区周边的配套设施等信息。游客可以在景区入口处或者游客中心免费获取宣传册，将其作为游览的参考资料，在游览过程中随时翻阅，加深对景区的认识。

7. 专业书籍

在景区商店或者游客中心，还可以找到一些关于九寨沟的专业书籍。这些书籍由地质学家、生态学家或者文化学者撰写，对九寨沟的研究更为深入。例如，有书籍详细探讨九寨沟的地质演化过程，从数百万年前的地壳运动到如今独特的岩溶地貌的形成，为对九寨沟自然景观感兴趣的游客提供了深度阅读的选择。

任务二　九寨沟景区解说系统的特点

一、自然景观解说方面

（一）信息全面性

九寨沟的解说系统在自然景观方面提供了极为全面的信息。对于九寨沟内众多的湖泊，如五花海、珍珠滩瀑布等，解说不仅提及了它们的外观特征——五花海那五彩斑斓的湖水颜色是由于湖底的藻类、矿物质以及湖水中不同深度的光线折射等多种因素共同作用的结果，还深入介绍了湖泊的形成过程，由于地壳运动、冰川作用等地质因素造就了这些独特的湖泊地貌。这种全面的信息有助于游客深入理解九寨沟自然景观的本质，而不是停留在表面的欣赏。

在对九寨沟的森林植被解说时，涵盖了植被的种类，从高大的冷杉、云杉到低矮的灌木，以及它们在生态系统中的作用。游客可以了解到这些植被是如何涵养水源、调节气候的，这使得游客对九寨沟的生态环境有了更系统的认识。

（二）科学准确性

解说内容在科学方面非常准确。在介绍九寨沟的钙华景观时，准确地阐述了钙化的原理，是因为水中的碳酸钙含量、水流速度、温度等因素的精确配合。详细解释了碳酸钙是如何从水中析出，逐渐沉积形成独特的钙华堤、钙华滩等景观。这种科学准确性不仅满足了游客对知识的渴望，也体现了解说系统的专业性。对于九寨沟内动物的解说也遵循科学原则。例如，介绍大熊猫、金丝猴等珍稀动物时，准确地描述它们的生活习性、栖息地范围以及面临的生存挑战等，有助于游客在观赏的同时，增强保护珍稀动物的意识。

（三）生动形象性

九寨沟的解说善于运用生动形象的语言。在描述诺日朗瀑布时，将瀑布比作银河从天上倾泻而下，"那巨大的落差和磅礴的水量，如同天上的银河冲破云霄，直落人间，水花飞溅的声音如同雷鸣般震撼人心"。这种生动的描述让游客更容易在脑海中构建出壮观的画面，增强了景观的感染力。

对于九寨沟的彩林，解说中会这样描述："当秋天来临，九寨沟的树林就像被大自然打翻的调色盘，红的像火，黄的像金，绿的像玉，层层叠叠的色彩交织在一起，仿佛是一幅绝美的油画。"这种形象的比喻使游客对彩林的美丽有了更直观、更深刻的感受。

二、文化内涵解说方面

（一）民族文化融合

九寨沟地区有着丰富的藏族文化。解说系统很好地将自然景观与民族文化相融合。在介绍藏族传统建筑时，会提及这些建筑与九寨沟自然环境的和谐关系。例如，藏族的碉楼建筑风格独特，其石材的选取与当地的山体岩石相似，既体现了就地取材的智慧，又反映了藏族人民对自然的尊重。

对于藏族的宗教信仰，如苯教和藏传佛教在九寨沟地区的影响也有深入解说。游客可以了解到在九寨沟的一些圣山、圣湖的概念是如何与宗教信仰紧密相连的，这种文化内涵的解说让游客在欣赏自然景观的同时，也能感受到浓厚的民族文化氛围。

（二）历史文化传承

九寨沟的解说系统注重历史文化的传承。讲述九寨沟地区人类活动的历史，从古代的游牧民族到现代的旅游开发。游客可以了解到九寨沟名称的由来，以及在不同历史时期九寨沟扮演的不同角色。例如，九寨沟在古代时可能是一些部落的迁徙通道或者狩猎场，而今则成为世界著名的旅游胜地。这种历史文化的传承解说，可使游客对九寨沟有更全面、更深刻的认识。

三、游客体验提升方面

（一）教育性体验

九寨沟的解说系统为游客提供了丰富的教育性体验。游客在游览过程中，通过对自然景观和文化内涵的深入了解，学到了很多关于地质、生态、民族文化等方面的知识。这种教育性体验不仅丰富了游客的旅行经历，也提高了游客的文化素养和环保意识。

（二）趣味性体验

解说系统中生动形象的语言、互动性的导游解说以及多媒体的动画演示等都为游客提供了趣味性体验。游客在轻松愉快的氛围中游览九寨沟，不会感到枯燥乏味。例如，导游在解说过程中可能会讲述一些关于九寨沟的传说故事，如关于神仙如何创造九寨沟美景的传说，这些故事增加了游览的趣味性。

九寨沟的解说系统在自然景观解说、文化内涵解说、解说方式多样性以及丰富游客体验等方面都有着众多优点，这些优点共同构成了九寨沟解说系统的独特魅力，使其成为游客深入了解九寨沟的重要窗口。

复习与思考

一、简答题

1. 简述博物馆解说系统的类型与特点。

2. 简述博物馆解说系统的发展趋势。

二、实训题

1. 请同学们收集整理博物馆解说系统的资料，并在班级开展讨论分享。

2. 选取一处重庆市国家 5A 级或 4A 级旅游景区，完成一篇解说词。景点主要包括长江三峡、大足石刻、武隆天生三桥、南川金佛山、合川钓鱼城、涪陵白鹤梁、山水都市、温泉之都、江津四面山、万盛黑山谷、酉阳桃花源、奉节白帝城、云阳龙缸、彭水阿依河、黔江濯水古镇、武陵山大裂谷景区。

参考文献

［1］丁双敏. 基于游客感知的庐山智慧旅游解说系统优化策略研究［D］. 南昌：南昌大学，2018.

［2］何江梅. 文化遗产型景区旅游解说系统评价研究［D］. 重庆：重庆科技学院，2023.

［3］罗时琴，罗书文，叶仕安，等. 文旅融合视阈下洞穴旅游解说系统构建及能力提升研究［J］. 西南林业大学学报（社会科学），2022，6（6）：70-76.

［4］冯俊佳. 博物馆解说系统在儿童教育中的应用研究［D］. 成都：四川大学，2021.

［5］韩百川. 环境教育背景下的国家矿山公园环境解说系统规划与设计研究［D］. 福州：福建农林大学，2020.

［6］柯祯，刘敏. 旅游解说研究进展与差异分析［J］. 旅游学刊，2019，34（2）：120-136.

［7］彭乾乾. 国家公园游憩地科普教育体系规划与设计［D］. 武汉：湖北大学，2018.

［8］王屏，欧阳雪莲，栗丽，等. 森林旅游解说生态效果影响研究——以中西方游憩者为例［J］. 林业经济，2017，39（10）：108-112.

［9］王屏. 生态文化视域下森林公园旅游解说系统构建研究［D］. 南昌：江西农业大学，2015.

［10］王婧，钟林生，陈田. 国内外旅游解说研究进展［J］. 人文地理，2015，30（1）：33-39.

［11］乌永志. 文化遗产旅游解说与翻译：评述与启示［J］. 地域研究与开发，

2012，31（3）：93-97.

［12］李海娥，吴海伦. 基于顾客感知的博物馆旅游解说系统实证研究——以湖北省博物馆为例［J］. 中南民族大学学报（人文社会科学版），2012，32（3）：53-57.

［13］郭剑英. 旅游景区旅游解说系统评价研究［D］. 南京：南京林业大学，2011.

［14］赵明. 基于行为意向的环境解说系统使用机制研究［D］. 福州：福建师范大学，2010.

［15］钟泓，黄海，马艺芳. 旅游环境解说系统的有效性研究［J］. 商业时代，2010（10）：121-123.

［16］陶伟，杜小芳，洪艳. 解说：一种重要的遗产保护策略［J］. 旅游学刊，2009，24（8）：47-52.

［17］杨财根. 基于休闲旅游的城郊森林公园旅游规划研究［D］. 南京：南京林业大学，2009.

［18］吴必虎，金华，张丽. 旅游解说系统研究——以北京为例［J］. 人文地理，1999（2）：32-34，69.

［19］吴必虎，金华荏，张丽. 旅游解说系统的规划和管理［J］. 旅游学刊，1999（1）：44-46.

［20］明庆忠，陈亚颦. 旅游解说系统的理论与实践［M］. 昆明：云南大学出版社，2007.

［21］张立明，呼道华. 旅游景区解说系统规划与设计［M］. 北京：中国旅游出版社，2006.

［22］拓倩. 智慧景区二维码解说效果研究——以龙门石窟为例［D］. 北京：北京交通大学，2018.

［23］陈玉凤. 基于用户体验的红色展馆解说系统设计研究［D］. 南京：南京理工大学，2019.

［24］张明庆，付华，王江珊，等. 北京中山公园二维码植物解说的应用效果研究［J］. 首都师范大学学报（自然科学版），2021，42（5）：53-57.

［25］熊继红，瞿纪策，肖杨. 智慧旅游景区标识系统设计与管理［J］. 当代旅

游，2022，20（9）：43—45.

［26］国家市场监督管理总局官网国家标准 GB/T 17775—2024.

［27］大同市人民政府官网 https：//www.dt.gov.cn/dt12345/tpxw4/202408/96a739cf32744a5aafde1401e67f6652.shtml.

［28］百度百科 https：//baijiahao.baidu.com/s?id=1797272875769319502&wfr=spider&for=pc.

［29］重庆日报 https：//baijiahao.baidu.com/s?id=1739868897508331128&wfr=spider&for=pc.

［30］百度百科 https：//mp.weixin.qq.com/s?__biz=MzA4NTMyMzAzNg==&mid=2652764232&idx=1&sn=0180af9b9f0e12281f0e849d4c6ab2c2&chksm=85b301a0c3fed1440a8d487b8868fa44f49808600d7bcba8d214ac9cfdce43f3e2cd7aa1d22d&scene=27.

［31］敦煌市文体广电和旅游局公众号.

［32］百度百科 https：//baike.baidu.com/item/%E4%B8%80%E9%83%A8%E6%89%8B%E6%9C%BA%E6%B8%B8%E4%BA%91%E5%8D%97/53151196?fr=ge_ala.

［33］大足石刻研究院官方网站 https：//www.dzshike.com/index.html.

［34］重庆中国三峡博物馆官网 https：//www.3gmuseum.cn/#/home.

［35］北京故宫博物院官网 https：//www.dpm.org.cn/Home.html.

［36］九寨沟景区官网 https：//www.jiuzhai.com/about/jiuzhai-valle.

［37］浦东发布 https：//m.thepaper.cn/baijiahao_7392857.

［38］中国网文化 https：//baijiahao.baidu.com/s?id=1751998157410485962&wfr=spider&for=pc.

［39］桂林市文化广电和旅游局门户网站 https：//wglj.guilin.gov.cn/zfdt/mtjj/202407/t20240708_2712610.html.

［40］惠州市罗浮山管委会门户网 https：//www.boluo.gov.cn/hzbllfsgwh/gkmlpt/content/5/5198/post_5198554.html#6089.

［41］封面新闻 https：//baijiahao.baidu.com/s?id=1767915643967928982&wfr=spider&for=pc.

［42］定西市文体广电与旅游局 http：//wlj.dingxi.gov.cn/art/2024/10/11/art_8590_1772405.html.

项目策划：张文广
项目统筹：谯　洁
责任编辑：刘志龙
责任印制：闫立中
封面设计：中文天地

图书在版编目（CIP）数据

解说系统设计与应用 / 吴海燕，王秀娟，聂湘益主
编；郭艳芳，李得发副主编 . -- 北京：中国旅游出版
社，2024. 12. -- ISBN 978-7-5032-7506-7

Ⅰ . G266

中国国家版本馆 CIP 数据核字第 2024GH5220 号

书　　名：解说系统设计与应用

作　者：吴海燕　王秀娟　聂湘益主编　郭艳芳　李得发副主编
出版发行：中国旅游出版社
　　　　　（北京静安东里 6 号　邮编：100028）
　　　　　https：//www.cttp.net.cn　E-mail：cttp@mct.gov.cn
　　　　　营销中心电话：010-57377103，010-57377106
　　　　　读者服务部电话：010-57377107
排　　版：北京中文天地文化艺术有限公司
印　　刷：三河市灵山芝兰印刷有限公司
版　　次：2024 年 12 月第 1 版　2024 年 12 月第 1 次印刷
开　　本：787 毫米 ×1092 毫米　1/16
印　　张：9.25
字　　数：145 千
定　　价：36.00 元
ＩＳＢＮ　978-7-5032-7506-7